U0034866

# 解夢

## 懂解夢,就看這本書

一本通

解夢大師

蔣星五

## 【序言】夢境的解析

　　利用「夢」來推測神意或占驗事情的吉凶，乃是世界上許多人共有的行事，而占夢歷史最悠久、經驗最豐富的可能就是中國人了。

　　根據傳說，中國早在黃帝時代就出現專門用來解夢的《占夢經》。即便這個傳說不可信，至少在殷商時代的甲骨卜辭中，就有許許多多占夢的記載。從殷商以後一直到清朝，在大約三千年的時光裡，有關占夢的記載一直不絕於書。

　　夢，似乎是虛幻飄渺的，卻又似乎是真實的。其實，不論夢境如何混亂、驚駭、美麗或大膽，都可以將我們的心事洩漏無

遺，它可以反射出我們心靈最深處的慾望、恐懼和幻想。

既然夢能透露這麼多秘密，如果我們能解析夢境，一定能更加瞭解自己。而夢幻也是有可能成真的，我們稱之為預知夢。預知的夢透過潛意識直接向我們的心靈深處訴求，不僅可以根據現實生活事件提供資訊，也可以透露我們心裡的想法。所以，若能時時注意到自己的夢境，還能防患未來潛在的危險呢！

根據近代西方的人類學家和心理學家的研究，我們已瞭解到：「夢」不僅僅是人類的一種生理現象，同時還是一種複雜的心理活動和文化行為，而「占夢」這樣的行事，其所預設的觀念——夢是事件的前兆，並非是一種迷信和荒謬的信仰。著

名的心理學家佛洛姆（Erich Fromm）就曾指出：夢境成為事件的預示，乃是作夢者「洞察力」的一種表現，這種現象乃是「可能」而且「合理」的。

由此可知，我們不必鄙視先人的「占夢」行為和觀念，因為他們和現代的一流學者所相信的並沒有什麼兩樣。如今，我們到了一個重新「認識」和「評估」這樣一個傳統的時候了，而首先要做的工作就是先認識他們的觀念和理論。

這本解夢書花費了筆者相當多的心力，嘗試著用最有系統的排列、最完整的收錄，再加上最準確的預示，期盼幫助讀者瞭解夢境背後隱藏的意義。

親愛的朋友，你昨夜作了什麼夢呢？

# 目錄

# 關於解夢的
# 四堂必修課

# 第一堂課　夢的特點

　　世界上沒有不作夢的人。

　　心理學家把每夜睡眠超過九小時者，稱為長睡眠的人，每夜睡眠低於六小時者，稱為短睡眠的人。一九七二年，美國心理學家哈特曼對四百餘名被試者進行了長期的心理學實驗，發現：長睡眠者每夜平均作夢時間為 121.2 分鐘，短睡眠者每夜作夢時間 65.2 分鐘。

　　假如一位長睡眠者壽命為八十歲，那他一生作夢的時間約為：80×365×2 ＝ 58400 小時，即他有 6.7 年用於作夢。

　　由此可見，在人的一生中，要用很多時間去作夢。

　　那麼，雖然天天在作夢，但瞭解得並不是那麼清楚、全面的。可是，不瞭解什麼是夢，

以及它有什麼特點，要進行解夢，那將是不可能的。

根據國內外專家、學者的意見，以及大量作夢的實例，我們認為夢有如下八個特點。下面分別加以說明。

先看兩個夢例：

傳說唐朝的時候，有個名叫盧生的青年書生，到京城參加考試。當他來到邯鄲時，住在一家旅店裡，生活十分困難。在店中他遇見了一個叫呂翁的道士。盧生向他訴說了自己的窮困處境，希望能得到功名利祿和榮華富貴，懇求道士指點實現美好願望的良方妙法。

呂翁答應了他的要求，借給他一個青瓷枕頭，告訴他說：「你只要枕著睡上一覺，就會感到稱心如意。」

盧生高興地接過枕頭，枕著它很快地進入了夢鄉。這時店主人剛剛煮上一鍋小米飯。

盧生在夢鄉考中了進士，當了大官，娶上

一個賢慧、美麗的妻子，生了五個兒子、十個孫子，兒孫個個功成名就，飛黃騰達……他享盡了一輩子人間的榮華富貴，一直活到八十多歲。

可是一覺醒來，方才的一切都成了泡影，他仍舊睡在邯鄲的旅店裡，只有呂翁在他的身旁。

這時，店主人那鍋小米飯還沒有煮熟呢！

這就是著名的「黃粱一夢」的故事。

和這個故事齊名的還有「南柯一夢」的故事：

從前有一個人，名字叫淳于棼，住在廣陵。他家房子的南面，有一棵大槐樹。這棵樹枝繁葉茂，樹下正是遮蔭乘涼的好地方。他過生日那天，喝醉了酒，躺在槐樹下面睡著了。他做了一個夢，夢到了自己到了大槐安國，並和公主成了親，當了二十年的南柯太守，非常榮耀顯赫。可是後來因作戰失利，公主也死了，

他就被遣送回家。

　　一覺醒來，他看見家人正在打掃庭院，太陽還沒有落山，酒壺也在身旁邊呢。他四面一瞧，發現槐樹下有一個螞蟻洞，他在夢中作官的大槐安國，原來是這個螞蟻洞，槐樹的最南一枝兒，就是他當太守的南柯郡。

　　以上兩個故事，很能說明夢的特點：

　　個體性。首先夢由個體的人來做。我們都知道，盧生做的「黃粱一夢」和淳于棼做的「南柯一夢」。他們醒了，夢就沒有了。其次，盧生做的夢和淳于棼做的夢是兩個不同的夢。第三，第三者無法知道他倆做的是什麼夢，只有他們自己講了，別人才會知道他們作夢的內容。這三點合起來，就是夢的個體性。個體性是指夢只能由一個人做，而不能集體幫。夢只屬於個人，不屬於集體。

　　回憶性。盧生和淳于棼做的夢，別人看不見、聽不到，更摸不著。那別人怎麼知道他倆

11

作夢的內容呢？是靠盧生和淳于棼回憶中的情景得到的。可以說，沒有回憶性，別人就不可能知道夢的內容。沒有回憶性，也就無法進行解夢。

形象性。夢都是形象生動的。古人把夢分成六類：正夢、噩夢、思夢、寤夢、喜夢、懼夢。正夢是正常的夢，噩夢是不好的夢，思夢是思念的夢，寤夢是白日夢，喜夢是高興的夢，懼夢是叫人害怕的夢。但不論何種夢，都是透過栩栩如生的形象來表現的。在夢中可以看到人、看到樹、看到天空、看到鬼、看到棺材等等，這些都是一些形象。離開了形象，就沒有了夢。所以夢的內容一般不叫夢的內容，而叫夢境，道理就在這裡。

反映性。夢是客觀現實的反映，沒有客觀世界也就沒有夢。所以俗語說「南人不夢駝，北人不夢象」，因為南方沒有駱駝，南方人的夢中就不會出現駱駝；北方沒有大象，所以

北方人的夢中就不可能夢到大象。上面兩個故事中的盧生和淳于棼，他們兩人利慾薰心，一心追求榮華富貴，所以在夢中才會出現做了大官、享受榮華富貴的夢境。平常人們說的日有所思，夜有所夢，也是講夢的反映性。

歪曲性。夢是客觀現實的反映，但這種反映不是直接的，而是歪曲的，它是以歪曲的形式來表達的。淳于棼這則故事中，現實生活是一個「螞蟻洞」，而在他夢中卻成了「木槐國」，夢中的「南柯郡」即是「槐樹的最南的一枝兒」，這就是反映的歪曲性。

比如有一個姓孫的讀書人中了狀元，在這之前的一年，他曾夢見幾百根木頭堆在一起，姓孫的在上面走來走去。不久，他請教一位李處士替他解夢。李處士告訴他說：「我要向您道喜呀，明年您必會中狀元。為什麼呢？因為您已經居眾材（才）之上了。」

這個姓孫的讀書人在平時生活中一心想中

狀元，可是反映在夢中，卻是在幾百根木頭上走來走去，所以這種反映就是歪曲的。

非自覺性。一個人在夢中夢見一切，在夢中承受悲歡離合，有時狂歡亂舞，有時痛哭流涕，有時上吊自殺，所有這些是不是作夢者自覺進行的呢？不是。而是作夢者在不知不覺進行的，亦即在他自己都不知道的情況下進行的，這就是非自覺性。有人說它為無意識性，是一樣的。

比如，城濮戰役，晉國大勝楚國。在戰爭發生前，晉文公作夢與楚成王搏鬥，楚王趴在自己身上，而且吸自己的腦髓，所以晉文公心裡很恐懼。晉文公舅父子犯說：「這是吉利的預兆，文公面朝天，象徵得天下，楚王面向地，象徵伏罪。腦髓是陰柔的東西，他吞食你的腦髓，象徵著我方將使他柔服。」

我們暫不論這樣解夢是否合理，但有一點是可以肯定的，就是晉文公做這個噩夢，完

全是非自覺的。如果他能預知會作這樣可怕的夢，那他絕不會做的。現在他所以做這樣的夢，就在於他是非自覺的，連他自己也不知道。

無限制性。作夢的內容完全是沒有什麼限制的，可以天上地下，東西南北；可以古代現代，中國外國；可以飛禽走獸；可以花草樹木……等等，都可以入夢。這是一。其次，在夢中，什麼事物，不管它們有沒有聯繫，都可以組合在一起，交錯在一起，揉雜在一起。所以，夢中可以出現人頭魚身的美人魚、牛頭馬面的妖怪、水可以流到天上去、人可以倒過來走路等等。這就是夢的奇異性，我們在這裡叫它無限制性。因為奇特性只是無限制性的一個方面。

關於夢的無限制性，在唐朝詩人李白的《夢遊天姥吟留別》一詩中有淋漓盡致地描寫。他一會兒夢見看日出；一會兒夢見閃電霹靂、山巒崩摧；一會兒夢見仙人駕車而來。真是浮

15

想聯翩，別有洞天，是夢的無限制性的絕妙文章。

生理性。上面七個關於夢的特點，都是不能單獨獨自進行的，它們必須依靠大腦這個生理機制才能進行，離開大腦就不可能出現夢，這就是夢的生理性。具體地說，人腦由菱腦（後腦、中腦、前腦）三部分組成，菱腦又分延腦、橋腦與小腦三部分，而橋腦就是具有觸發作夢功能的部分，夢的出現就離不開這個部分。這也說明了夢的生理基礎的重要性。

根據以上這些關於夢的特點，我們可以給夢下這樣一個定義：夢是客觀現實生活在人腦中的形象的非自覺的歪曲反映。

第二堂課 夢的作用

## （1）維持人體生理和心理平衡的作用

　　每個人都作夢，可是如果在一個人將要作夢時，就把他叫醒，那麼會怎樣呢？

　　有一位叫德門特的心理學專家研究了這個有趣的問題。他的做法是這樣：當被試者開始作夢時，就立即把他叫醒，以阻止他作夢。但是因為夢是在試圖阻止作夢之前開始的，這種干擾並不能完全剝奪被試者作夢，而只是作夢的總時間可能減少 75～80％。德門特確定他的八位被試者正常作夢的平均時間約為七小時睡眠的 20％，亦即約八十二分鐘，於是減少了他們 75～80％的作夢時間，結果怎樣呢？有

兩個結果：

　　一是會使這些被試者引起憂慮、急躁、食慾加大以及體重增加，這也就是說，生理失去了平衡。

　　二是要使這些被試者恢復正常，必須花費好多時間，甚至三倍的時間才能得到完全的恢復。

　　關於人的心理方面也是這樣，白天，不如意的事經常發生，煩惱的事太多，工作的、朋友之間的、家庭成員之間的矛盾，錯綜複雜，紛至逐來，不可招架。而在睡夢中，有些事本來不能辦成的卻辦成了，有些矛盾不能解決的卻在睡夢中解決了，有些追求一直沒有達到，而在睡夢中卻得到了實現，這是一種調節，也是一種滿足。

　　佛洛伊德所強調的「夢是慾望的達成」，講的可能也是這一種情況。所以詩人歌德曾說過：「人性擁有最佳的能力，隨時可以在失望

時獲得支援。在我的一生裡，有好幾次悲痛含淚上床後，夢境能用各種引人的方式安慰我，使我從悲痛中超脫而出，而得以換來隔天清晨的輕鬆愉快。」

尼采也說：「夢是白天失去的快樂和美感的補償。」

阿德勒也曾說過：「個人由於環境不如意導致的自卑感，可以在夢境裡找回補償。」

根據以上所說，夢的作用確實是較大的，它能維持人體生理和心理平衡。特別是後一點心理平衡，更應大力宣揚。


## （2）對某一事物的預知作用

《後漢書》記載，東漢時，有一個名叫范式的，是山陽金鄉人。為太學生時，與汝南張劭結為至友。一次臨別時，范式對張劭說：「兩年後的今天，我準時到你家拜訪。」重逢期近，

張劭準備了酒菜。至期，范式果然千里來訪，二人豪飲，盡歡而散。

後來，張劭病重，同郡郅君章和殷子征來探望他，張劭臨死前說：「我最大的遺憾是沒能再見范式一面，你們二位是我的生友，而范式則是我的死友。」不久，張劭去世，千里之外的范式忽然夢見張劭對他說：「范兄，吾於某日死，永歸黃泉，您縱然沒有忘記我，但您哪趕得上我的葬禮呢？」范式夢醒，悲痛淚下，告假於太守，急馳奔喪。張劭此時正在下葬，但棺材怎麼也抬不動，直到范式急趨而來後，他牽紼而引，棺材才抬得起來，安葬下去。

在千里以外，夢見好友去世，奔喪而來，這就是夢的預知作用。這類事件是舉不勝舉的，它在心靈學上已得到專門的研究。這種預知作用是不是迷信呢？我們認為並不一定如此。比如，我家有個鄰居，老父重病在身即將去世，但就是不斷氣，而等兒子回來以後，他

才閉上眼睛。

而這個兒子又怎麼會知道老父病重在等他回家見面的呢？原來是他在夢中夢見的。這是不是一種心靈感應，我們不去論述，但他兒子做的夢，起了預知作用，這可是沒有疑問的。

## （3）對創造發明的啟示作用

凱庫勒是德國著名的化學家，長期以來，他試圖為苯分子找出一個結構式，但很不順利，一直沒有成功。有一天晚上，他坐在火爐旁打瞌睡，夢中他似乎看到在蛇形的行列中有原子在跳舞。忽然，一條蛇咬住了自己的尾巴，形成一個圓圈，隨後在他面前嘲笑地旋轉。剎那間，凱庫勒醒過來，他已經想出了用一個六方形的圈圈代表苯分子的結構。

音樂家瓦格納在《自傳》中說，他在創作描繪萊茵河的三部曲時，一個開場調一直沒

有想出來。一次他乘船過海，晝夜不能安眠。一天午後，他倦極微睡，彷彿覺得自己沉在急流裡面，聽到流水往復澎湃的聲音自成一種樂調，醒後便根據在夢中所聽到的急流聲譜寫了三部曲的開場調。

作曲家 J・塔季尼夢見他把自己的小提琴交給了一個魔鬼演奏，令他驚奇的是魔鬼奏出了美妙的旋律，塔季尼醒來後立即把它記下，這就是如今經常演奏的《魔鬼之歌》。

幻夢的作用是如此奇妙，難怪科學家們要風趣地說：「先生們，讓我們帶著要解決的問題去睡覺吧！」劍橋大學的教授在向各學科有成績的科學家調查時，發現 70% 的科學家都稱他們是從夢中得到啟發而有所創造的。

夢的這種預示作用，實際上就是我們大家所說的靈感。可以說大多數的靈感來自夢境的啟示。沒有夢就沒有靈感，沒有靈感，也就沒有了創造發明。所以夢的這種預示作用是十分

巨大的。

## （4）預示疾病的作用

中外的心理學家以及夢學研究者，幾乎一致認為夢和病變之間有一定的聯繫。阮芳賦、萬文鵬編著的《睡眠與夢》一書中，曾舉了一個例子：

庫格勒夫人曾任美國德克薩斯州心理研究會主席，她有長年記錄夢境日記的習慣。一九七二年二月二十七日有如下一夢：

「有人（是我？）患了重病，似乎又治好了。這是奇蹟，許多人議論這件事。」

當時庫格勒夫人沒有任何軀體疾病的症狀。到同年四月十九日她又夢見：

「有人送給我一件禮物，是一個大方盒，裡面裝著各種形狀的小盒子，它是米切爾太太、羅伯太太、柯裡恩先生送的。卡片上寫道：愛妳，瑪麗·海倫（老朋友習慣稱呼我的複

名。）

一九七二年五月八日她記錄的夢境是：「我與丈夫一同旅行，同行的還有我的朋友多蒂。前面是一連冰帶水的深谷，必得涉水過去，才能到達對面的山崗，採摘美麗的一品紅。」

六月五日夢境日記上寫道：「我穿著一件白色的襯衫，低頭一看，左側胸前有一塊紫紅色的斑跡。」

九月二十日的夢很特別：「我即將進行手術治療。有人告訴我應該請一位同時能做兩種手術的高明的外科大夫，因為分別有兩種軀體情況需要同時處理。」

然後是十月二十二日的夢：「病房裡住著兩個手術後的女病人，相處得很融洽。那個切除一側乳房的女病人脖子上吊著繃帶，但是顯得很高興。我問她她的丈夫做何反應，她說反應良好。」

這階段在她的夢境中還有兩則起安慰作用

的夢：

「一九七二年十一月五日，夢見知名心理學家魯詹生夫人把雙手按在我的肋部，似乎是用按摩治病。十一月六日夢見自己落入深水，有個男人把我托出水面。」

一九七二年十二月九日，庫格勒夫人突然病倒。十二月十八日確診為膽囊結石。接著發現左側乳房內有包塊，醫生考慮應該進行活體組織檢查。一九七三年一月二日成功地完成了膽囊手術。一週反覆查乳房，發現包塊已經消散，於是決定不再做活體組織檢查手術。

從這個夢例可以看出，庫格勒夫人多次在夢中夢見自己有病，並進行手術，結果她果然有了病。這是為什麼呢？這是因為她白天由於其他興奮的干擾，這些有病的資訊，無法傳遞給她的腦部而產生感覺和意識。但到了夜晚，由於全身鬆弛，又沒有其他干擾，在夢境中也就把病灶的資訊傳遞了出來。

這說明，夢確實有預示疾病的作用。

# 第三堂課 解夢的意義

　　中國是一個占夢術極為流行的國家。在殷周時，占夢是觀察國家吉凶、決定國家大事的一個重要工具。並專門設立占夢官來解決周王如何致夢、如何占夢、占夢的程序等有關事宜。而歷代在民間都湧現了不少著名的占夢家。如三國魏地的趙直，三國東吳的宋壽，三國魏地樂安的周宣，還有索址、萬推等等。他們占夢，有的十不失一，有的十中八九，都是十分靈驗的。

　　那麼，以現在的觀點來看，解夢對我們究竟有什麼意義呢？

　　我們認為有下面三方面的意義：

## （1）可以滿足作夢者的心理

一個人做了夢，總希望能對它們進行解釋。有時做了好夢，作夢者希望瞭解為什麼；有時做了噩夢，作夢者心驚肉跳，更希望弄個明白；有時做了亂七八糟的夢，作夢者擔心出什麼事，也希望弄個清楚……等等，作夢者都希望自己進行解釋，或者請人給予解釋。透過解釋，一般的夢都可以給作夢者心理上的滿足。

## （2）可以使作夢者提高警惕

　　有的夢解下來使人心理上得到滿足，但有的夢解下來不盡人意，甚至十分不利，那怎麼辦呢？這就需要提高警惕，使事情不向更壞的方向發展。這就是解夢的又一個意義，而且是十分重要的意義。

　　看下面一個夢例：

　　韓皋一向和李綺不和，一天李綺夢見萬歲

樓上掛著冰，於是李綺自己解夢說：「冰，是寒的意思；樓，是高的意思。難道韓皋（寒高）要來取代我嗎？」

李綺心裡特別不痛快。後來韓皋果然取代了他。

其實，李綺不必心裡不痛快，不必疑神疑鬼。只要採取措施，搞好與韓皋的關係，以及與上級的關係，那麼這一不愉快的事將可能不會發生。

碰見噩夢、凶夢，並不可怕，只要能汲取教訓，認真對待，使壞事盡可能地轉化為好事。


## （3）可以培養和加強分析能力

解夢是項十分艱苦的腦力勞動，如果沒有一定的分析能力，那是不能把夢解好的。

請看下面一個夢例：

《三國志》中有一則記周宣如何解夢的故

事：

　　有人問周宣：「我昨夜夢見草紮的狗（草紮的狗，古文叫芻狗，做祭祀用，祭後則棄去），這是什麼兆頭？」周宣說：「你將能吃上一頓美味的飯菜。」不久，這人外出時果然碰上一餐豐盛的膳食。

　　後來，他又問周宣：「昨夜我又夢草紮的狗，是什麼兆頭？」周宣說：「你將會從車子上摔下來折斷腿，你應當謹慎小心。」過後，他當真如周宣所說的那樣摔斷了腿。

　　後來，這人又去問周宣道：「昨晚又夢見草紮的狗，該怎樣解釋呢？」周宣說：「你家會起火，要好生注意！」結果他家真的遭了火災。

　　那人告訴周宣：「前後我三次都沒有作夢，只是想試試你，可是你怎麼都那麼靈驗？」周宣對他說：「是神靈要你這樣說的，所以和真的作夢沒有什麼兩樣。」

那人又問：「三次都是草紮的狗，為什麼你的解釋卻不一樣？」

周宣說：「編草為狗是祭神用的，所以第一次預示你能吃到神吃過的佳餚；第二次表示祭祀已完，草狗將會被扔掉，被車輪所輾，所以我說你會摔斷腿；草狗被車輪輾過後只能拿去燒火，所以第三次預兆會失火。」

周宣的解夢看起來十分靈驗神秘，其實，他只是善於分析而已。如果他不善於分析，那麼這三個夢就比較難解。

所以說，分析能力在解夢中十分重要，透過不斷的解夢，就可以提高自己的分析能力。這可以說是解夢給人們帶來的又一個好處。

我們認為，不能一提起解夢，就把它和迷信連在一起，只能這樣說：有的解夢不是迷信，相反，它應該算是科學。如佛洛伊德的解夢技術——心理分析法，雖然有些繁瑣，但誰也不能否認它是科學的。又比如，國外用儀器對睡

眠中夢的種種研究，他們也是對夢的解釋，當然不能算是迷信。所以不加分析地來對待解夢，那是不正確的。

解夢的條件

在中國古代，關於解夢的條件，最主要的是「五不占」與「五不驗」。

「五不占」是：神魂未定而夢者不占；妄慮而夢者不占；寢凶厄者不占；寐中撼府而夢未終者不占；夢有終始而覺佚其半者不占。

譯成白話就是：心神不定就成夢的不能占；胡思亂想而成夢的不能占；醒後知道夢有兇險的不占；睡眠中被搖撼醒而夢還沒有做完的不占；夢雖有頭尾但醒後已記不全的不占。

這五不占中只有後兩個不占還有些道理。第一占、第二占卻更需要占，第三占根本不需要占。

「五不驗」是：

第一、「昧覺本原者不驗」——指占夢者

32

不瞭解夢是神的顯示，這樣的人不懂占夢，不信占夢，是外行，當然占而不驗。

第二、「業術不專者不驗」——自己給人占夢，卻不懂、不精占夢的方法，這種占當然不驗。

第三、「誠未至者不驗」——夢者占夢心不誠，當然也不會驗。

第四、「削遠為近小者不驗」——不懂占夢之「大道」而玩弄小術者，自然也不會驗。

第五、「依違兩端者不驗」——夢數說，互相矛盾。為討好夢者，言之為吉；為欺騙他人，又言之為凶。這樣的占夢當然不會驗。

驗就是應驗。「五不驗」就是五個不應驗。「五不驗」中的一、三兩驗，一點都沒有客觀標準，伸縮性太大。

以上「五不占」和「五不驗」，對現在的解夢的意義不大。

現在解夢的條件，我們認為主要有下面三

條：

　　1.解夢需要豐富的知識。

　　2.解夢需要熟悉情況。

　　3.解夢要注意多動腦。

下面加以說明：

## （1）解夢需要豐富的知識

　　解夢是一種複雜的現象，如果不具備一定的知識，那麼，有些夢就無法解開。

　　比如《解夢書》中的一些夢就是這樣：

　　「夢見頭戴山者，得財。」

　　為什麼「夢見頭戴山者」，可以解為「得財」呢？原來，這裡有一個故事：有一個人姓宋名嶽，應試多次都沒有考取。有一次，他中午睡覺，做了一個夢。在夢中有一個人告訴他說，你所以不能做官，因為你頭上戴著山，如

果你把山字去掉，那你前途無量。醒來以後，他就把「嶽」字上的「山」字和兩個「犬」字都去掉了，名字成了姓宋名言。第二年，他果然高中了。

因為古時做官便意味著發財，所以，「夢見頭戴山者，得財。」

如果不瞭解這個故事，沒有這方面的知識，那麼，就無法解釋此夢。

再看一個夢例：

從前有一個讀書人將要赴京應試，他夢見自己最先進了試場，醒來以後他告訴妻子自己最先進了試場，「今年秋試我一定會奪得第一名。」

妻子說：「不對，你沒忘《論語》上寫的是先進第十一嗎？」

後來她丈夫考試，果然名列第十一。

如果這個妻子不懂《論語》方面的知識，那麼，她的解釋就不會那麼巧妙了。

由以上事例說明，要把夢解釋得確切，必須具備有關方面的知識。

　　但是世界上的知識多如瀚海，要每門知識都能掌握，那是不可能的，也是不必要的。我們認為對解夢有關的知識，是必須瞭解和掌握的。它們是下列四種：

　　1. 歷史知識。
　　2. 各民族知識。
　　3. 文學知識。
　　4. 邏輯學知識。


　　下面略加說明：


### 歷史知識

　　歷史是一個國家的重大事件的記載，也是各種知識的彙集。以夢來說，在中國的歷史中，殷人是怎樣占夢的，周人是怎樣解夢的，春秋戰國時期，占夢又有了哪些發展，秦漢以後的

占夢又是怎樣的，都有詳詳細細的記載。如果不懂這些歷史知識，要進一步瞭解夢以及發展對夢的研究，那是比較困難的。

　　不僅中國歷史，還有世界歷史，因為在許多世界史中，有關夢的記載也是十分豐富的。就以恩格斯來說，他就是根據北美原始人的資料，分析過村民的夢魂觀念。他說：

　　「在遠古時代，人們還完全不知道自己身體的構造，並且受夢中景象的影響，於是就產生一種觀念：他們的思維和感覺不是他們身體的活動，而是一種獨特的、寓於這個身體之中而在人死亡時就離開身體的靈魂的活動。」（摘於《路德維希·費爾巴哈和德國古典哲學的終結》）

　　我們學習了這些知識，對夢的瞭解將會更深刻。

**各民族知識**

　　中國東北的赫哲族，在清朝，還處在史前時代。在他們的信仰中，人人都有三個靈魂：一是生命的靈魂，一是轉生的靈魂，還有一個思想的靈魂或觀念的靈魂。據說，生命的靈魂賦予人們生命，轉生的靈魂主宰人們來世的轉生，觀念的靈魂使人們有感覺和思想。人們在睡眠的時候，身體所以不動，耳目所以沒有知覺，就是因為觀念的靈魂離開了肉體。人們所以作夢，所以在夢中能看見很多東西，甚至看見已經死去的親人，就是因為觀念的靈魂離開了肉體後，能到別的地方去，能與神靈和別的靈魂相接觸。正因為夢中靈魂與神靈接觸，可以與祖先的靈魂相接觸，因此他們便把夢象做為神靈或祖先對夢者的一種啟示，夢象也就隨之有了預兆的意義。如夢見喝酒得錢預示著打獵會滿載而歸；夢見死人、抬棺材，預示一定能打到野獸；又如夢見騎馬行走，預示著狩獵

空手而歸。

　　景頗族一般把靈魂稱作「南拉」。他們認為人之所以作夢，就是因為靈魂離開了自己的肉體。靈魂不離身，人就不會入睡作夢。有時候入睡卻不作夢，就是因為靈魂外出沒有碰到什麼東西。如果靈魂外出碰到什麼怪物，人在睡眠中就會做出怪夢來。按照景頗族的習俗，夢見槍、長刀之類，是妻子生男孩的吉兆。如果夢見黃瓜、南瓜結得很多，自己又摘了一大籮背回來，據說是凶兆。夢見太陽落、牙齒掉落和喝酒吃肉也是凶兆，不是家裡死人，就是鄰居死人。

　　如果對這些民族的這些風俗習慣、對夢的解釋有所瞭解，那麼對解夢肯定是有好處的。

### 文學知識

　　在中國的文學作品中，大量記載著夢。比如在中國最早用文字記錄的詩歌總集——《詩

經》中就有許多的記載。在《左傳》這部歷史書中，夢例比比皆是。在唐宋時期的詩詞中，有關夢的則更多。如杜甫的《夢李白二首》、李白的《夢遊天姥吟留別》、岑參的《春夢》、李賀的《夢》。在陸游八十五卷的《劍南詩稿》中，僅題目標明記夢的就有一百六十首。

在元明時期的戲曲中，就有關於大量的夢的戲曲。如關漢卿的《蝴蝶夢》、《衣夢》、《西蜀夢》等等。還有湯顯祖的「臨川四夢」——《紫釵記》、《牡丹亭》、《南柯夢》、《邯鄲夢》等。

從以上可以看出，在文學作品中存有大量的夢例，如果我們對這個夢進行研究，那麼一定可以找到一些解夢的規律來。

### 邏輯學知識

邏輯學是關於思維的科學，是專門研究、判斷、推理的科學。解夢離不開邏輯學，只有

以邏輯學的方法來解夢，才有可能把夢解開。

比如《太平御覽》中有一則夢例：

「夢圍棋者，欲鬥也。」

為什麼夢見圍棋者會是欲鬥呢？這是因為下圍棋者是互相鬥智，這樣，引申開來夢圍棋者就欲鬥了。這就是推理的作用（由甲推知乙），也就是邏輯的作用。

又如：「夢見杯案（桌子），賓客到也。」

為什麼賓客會到呢？這是因為茶杯和桌椅是用來招待客人的，既然夢到「杯案」了，可能是賓客來了。

這也是運用推理的方法來解夢的。所以，解夢和使用邏輯有很大關係。


## （2）解夢需要熟悉情況

所謂解夢需要熟悉情況，指的是熟悉作夢的情況。如果對作夢的情況一點不瞭解，不熟

悉，那麼要把夢解得十分確切，是十分困難的。

那麼，怎樣才算是熟悉了夢者的情況呢？請看德國著名夢學家弗洛姆在他的《夢的精神分析》中舉的一個例子：

有人做了如下的一個夢：

「我正目擊一個實驗。有一個人被變作一塊石頭。然後一位女雕刻家把這塊石頭雕成一尊石像。突然石頭變成活人，並且很生氣地走向女雕刻家。我很恐怖地觀看，並看見他如何殺死那個女雕刻家。他接著轉向我，我在想假如我能夠使他走進我父母所在的臥室內，我就會安全了。我與他大玩捉迷藏，並成功地使他走進我父母的臥室內。我的父母和他們的一些朋友坐在那兒。但是他們在看見我為生命奮鬥時，卻一點也不關心。我就想：『嗯！早就知道他們根本不關心我。』我勝利地微笑著。」

弗洛姆接著說道：

「這夢到此結束。我們必須知道作夢者這

個人，以瞭解這段夢。他是年約二十四歲的年輕醫生，生活刻板而單調，完全在父母的控制下，母親是全家的主人。他從不自動自發地思想和感覺，只盡責地到醫院，為人所歡迎，因為他行為規矩，但是他感到很疲倦、沮喪，並且看不出生活有何意義。他是那種凡事服從的兒子，待在家裡，做母親所期望的一切事，並且很少有自己的生活。他母親鼓勵他約女孩子出遊，但她卻對他所感興趣的任何女孩子皆吹毛求疵。有一次，當他的母親比平常要求得更多時，他對她發脾氣，她顯示出他是如何地傷害了她，他是如何地不知感恩，因為這個發脾氣的結果，使他深深地懊悔並更加地服從她。在他做這個夢的前一天，他曾在地下鐵道等火車，他注視三個與他年紀差不多的人在月臺上交談。他們顯然是從商店出來準備回家的會計員。他們正在談論著上司：一個說自己可以得到加薪的機會，因為老闆非常喜歡他。另外一

個人談到一天老闆曾對他談起政治問題。整個談話皆顯出這三個人是循規蹈矩而內心空虛的小人物，他們的生命由於商店的瑣屑事務及他們的老闆而被吸收、融化了。我們的作夢者望著這些人，突然感到很震驚。他突然想到：那就是我，那就是我的一生！我並不比這三個店員好到哪裡，我就像死人一樣！當晚就做了那個夢。」

明白了作夢者的一般心理情境以及那段夢的直接原因後，要瞭解夢就毫無困難。

這個夢是什麼意思呢？原來，那個石像就是夢者自己，女雕刻家是他的母親，他要「殺」他母親是為了反抗她。這個夢就是他對母親不滿的發洩。

請看，如果不瞭解這個作夢者的情況，那麼，就不可能解開這個夢。因為誰也不可能想到石像就是作夢者自己。

同時，從上面弗洛姆的瞭解作夢者的情況

來看，所謂瞭解指兩點：一是瞭解作夢者的個人與家庭情況；二是瞭解作夢者作夢的起因。

那麼怎樣才能瞭解到這兩點呢？關鍵就在於一個「問」字。問誰？問作夢者。只有多問、善問、有目的地問，才能得到所需的種種解夢情況。

## （3）解夢要注意多動腦

為什麼解夢要注意動腦呢？這是因為：

（1）到目前為止，世界上還沒有一種十分有效的方法，使用這一方法可以準確地解釋所有的夢。包括佛洛伊德的心理分析法。美國的 W・鄧恩，他是一位夢學專家，他曾寫過一本《夢的科學》，他曾經說過，他能夠提供一種方法，去識別夢中的預知性問題，但他迄今並沒有履行他的諾言。既然沒有一種行之十分

有效的方法，那麼在解夢時要想把它解得確切，這就靠每個解夢者的努力，如果他知識面廣，對作夢者的情況又十分熟悉，而且又肯動腦筋，那麼他解的夢就可能好一些。當然，我們所說的是沒有一種十分有效的放之四海而皆準的方法，而絕不是說沒有方法。

（2）有些夢確實是十分玄虛，十分神秘，如果不動腦筋，確實叫人難以解開。如《聖經》上有一個怪夢。法老曾在夢中見到「先出現七隻健碩的牛，繼之有七隻瘦弱的牛出現，牠們把前七隻健碩的牛吞噬掉」。這個夢是什麼意思呢？約瑟夫是這樣對法老解釋的：「埃及將有七個饑荒的年頭，並且預言這七年會將以前豐收的七年所盈餘的一律耗光。」佛洛伊德指出這個夢所以能解釋出來，這是約瑟夫利用了「相似」的原則。這也就

是說約瑟夫經過認真思考利用「相似」這一形式才能答出來的，雖然他們的解釋不一定準確。

又如下面一個夢例：

據《晉書》記載，晉朝張茂年輕時，曾經夢見得到一頭大象。他就問占夢者萬推這是什麼預兆，萬推告訴他說：「閣下當大郡的郡守，但結局不大好。」張茂問他為什麼？萬推回答說：「象是大獸，獸者守也，所以得知當為大郡的郡守。然而大象常因牠的牙齒而遭殃，被人類傷害。」張茂後來的結局正如萬推所言。

從這個夢例可以看出，萬推是善於動腦的人，他從一頭大象能推到張茂做什麼官，又能推到張茂的結局。如果他不會這樣動腦，恐怕這個夢比較難解釋。

（3）作夢者各人的情況不同，做的夢也不同。

有的夢解下來是好兆，有的夢解下來是凶兆，有的夢可能一點意義也沒有。

應該怎樣來對作夢者進行解釋呢？是好兆，照直說問題不大，如果是凶兆，照直說恐怕不一定妥當。這是因為凶兆只是你所說的，事實上不一定會有什麼壞事出現。其次，一般人的心理喜歡聽好話，不喜歡聽壞話。所以，如何說話委婉，如何避免傷害對方，這就成了一個難題。在這裡，認真動腦，就發揮著很大的作用。

根據以上三點，在解夢中必須認真動腦，那種不肯動腦的人，是不可能把夢解釋好的。

由於篇幅所限，關於實際的解夢方法，這裡就不一一細數了，相信讀者可以在正文中對不同類別的夢境的具體分析中自己揣摩。

第二部分

# 夢境大揭秘

# Part 1

# 自然景象之夢

夢見

# 水

## ⭐ 夢兆

（1）夢見平緩、清澈的流水是吉祥的象徵。
（2）湍急或渾濁的水則預示今後的困難。
（3）夢見自來水則表示持久的幸福。

## 🔍 夢的解析

　　夢中的水，喻示著生命的精華，代表精神
的洗禮和重生，也代表人的健康狀況。所以，
水象徵生命力，越清澈的水，生命力越強。此
外，夢中的水也代表著作夢者的感情生活。

夢見

# 雨

## ⭐ 夢兆

（1）夢見連綿輕柔的春雨是好兆頭，預示
　　　著許多好事將一併來臨。
（2）如夢在大雨中奮力奔跑，表明你的處
　　　境將有所改善。
（3）夢見毛毛細雨表明你將要面臨暫時困
　　　難。

## 🔍 夢的解析

　　雨水能滋潤萬物，代表著否極泰來，運勢
好轉，尤其是指感情、戀愛運勢。同時，下雨
也意味著障礙和阻隔，因為下雨影響行程，給
人造成麻煩和不順利。所以，夢見下雨通常會
有兩種不同方向的寓意解釋，需要從具體的事
物及人物進行分析。

夢見

# 溪流

⭐ **夢兆**

（1）倘若夢中的溪水清澈見底、緩緩流淌，
　　　表明你的生活很順利。

（2）若溪水湍急、曲折向前，表明你可能
　　　要碰到障礙。

🔍 **夢的解析**

　　溪流是生命流程的象徵。平靜的溪流表示
生活是安寧而舒適的，曲折、湍急的溪流則表
示生活中有難以調和的矛盾，或者感到自己被
某種力量征服了。

# 潮水

## ⭐ 夢兆

（1）夢見漲潮，預示事業和生活將迎來新
　　的局面。
（2）夢見撲面而來的潮水和退潮，表示你
　　可能不願改變現在既定的生活方式。
（3）潮水漲落很大，表示你當前所做的事
　　情會有很大進展，成功在望。

## 🔍 夢的解析

　　夢中的潮水是機遇的象徵。

夢見

## 海洋

（1）海面平靜是吉祥的象徵。

（2）波濤滾滾表示運氣時好時壞。

（3）在海洋中航行，預示你會幸運地避開
　　　棘手煩惱的事。

（4）在大海中游泳，暗示你不久將要擴大
　　　自己的影響範圍。

## 夢的解析

(1) 海面平靜，一切太平無事，所以這是
　　吉祥的象徵。

(2) 波浪有時高有時低，高時表示運氣好，
　　低時表示運氣壞。

(3) 在海洋中如能安全地航行，就能避開
　　暗礁險灘，這就象徵避開棘手惱人的
　　問題。

(4) 在大海裡游泳表示能力強，所以能擴
　　大自己的影響範圍。

# 海灣

## ☆ 夢兆

（1）如果是觀賞海景，則預示有旅行的可能。

（2）如果風浪大作，則在一段時間裡你將入不敷出。

（3）如果風平浪靜，你將在社會上獲得成功。

## 🔍 夢的解析

　　旅行才能觀賞到海景。風浪大作，困難很大，所以將入不敷出。風平浪靜，和人關係處得較好，所以可在社會上獲成功。

## 夢見

# 海灘

### ☆ 夢兆

（1）在海灘上勞作，你將可能需要經濟上
　　 的幫助。
（2）在海灘上散步，表示你當前心態放鬆，
　　 或者身體狀況很好。
（3）站在海灘上，預示生活中會遭遇挫折。
（4）躺在海灘上，你將忙於新的冒險。

### 夢的解析

　　夢中的海灘，代表著收穫的含意，在海灘
上忙碌代表著不足。

夢見

# 運河

⭐ 夢兆

（1）運河中的水很滿，並且上面有很多船，
　　　表示你現在生活富裕。

（2）運河已經乾涸或半乾涸，警示你要注
　　　意節約，避免浪費。

（3）夢見自己在運河裡緩慢地划船，表示
　　　你最近的情感生活有些過度壓抑，需
　　　要放鬆。

（4）運河裡的水很污濁，或者水淺難以行
　　　船，表示你手頭拮据，經濟方面很不
　　　寬裕。

🔍 夢的解析

　　夢見運河，是感情壓抑的表現，同時也影
射你當前的經濟狀況。

夢見

# 露水

★ 夢兆

（1）晶瑩的露水，預示著希望的實現。

（2）在陽光下閃爍的朝露，預示你在精神
方面得到充實，或心靈上有所啟迪。

（3）清晨踏著露水漫步，預示你的情感生
活進展順利。

🔍 夢的解析

　　露水代表安寧和幸福。雖然在現實生活
中，露水不能長久存在，但反過來在夢中卻是
長久的象徵，可以說，夢到露水所有的希望都
能得到實現。

夢見

雪

## ⭐ 夢兆

（1）在夢中吃雪，將會捱過一段倒楣的日子。

（2）夢見深雪或暴風雪，證明你需拼命工作，但會意外地收到一個了不起的成功。

（3）冬天的雪說明經過小小的努力後你終會取得成就。

（4）春天的雪會為你帶來豐碩的心理滿足。

（5）夏天的雪象徵著近在眼前的好運。

（6）秋天的雪意味著不一樣的幸福。

（7）大雪封山的景象會給你帶來極重要的好消息。

## 夢的解析

　　雪象徵純潔、美麗。但是如果夢見大雪覆蓋了一切，則表明你內心的情感十分壓抑。如果夢見雪花飄飄，並且還能感到季節性，絕對是好兆頭。

夢見

# 雪崩

## ⭐ 夢兆

（1）夢見雪崩，會有財運，很有可能會得到鉅款。

（2）夢中擔心遭遇雪崩，說明自己擔心無法應付必須完成的工作量。

（3）葬身於雪崩之中，則是提醒你不要放棄，雖然風險很大，但一定能取得驚人的收穫。

## 🔍 夢的解析

　　雪崩，預示著你要迎接機遇的來臨，或是感情失控爆發。這個夢還提醒你，目前看來平靜的生活狀態下，可能藏著極大艱難險阻，最好改變一下計畫。

夢見

# 冰

（1）坐在冰上，預示舒適的生活條件。

（2）走在冰上，警告投機受損。

（3）滑倒在冰上，意味困難即將來臨。

（4）如果你掉進冰中，則說明你最大的擔
　　憂是無根據的。

（5）看到冰塊在清澈的水中（如河、湖等）
　　漂流，預示你將戰勝妒忌你的對手。

（6）見到屋簷上掛著冰稜，預示著你只有
　　努力才能成功。

## 夢的解析

　　夢見冰或冰塊，是挫折的象徵，表示有
人想在你順利時製造麻煩。如果夢到在冰水裡

洗澡，表示會有難以預料的事情來破壞你的生活。

(1) 冰上平滑光潔，看起來很舒服，所以預示舒適的生活條件。

(2) 如果走在薄冰上，容易掉下河去，所以警告投機要失敗。

(3) 滑倒在冰上，要爬起來很困難，所以意味著困難的來臨。

(4) 人掉進冰水中，上不著天，下不著地，沒有依靠，所以說你的擔憂是沒有根據的，是杞人憂天。

(5) 心地像冰一樣清澈明亮，對人一點也沒有惡意，所以連妒忌你的人也向你屈服了。

(6) 太陽出來，冰稜就要融化，所以萬事要抓住時機，努力奮鬥才能成功。

夢見

# 冰雹

## ☆ 夢兆

（1）夢見冰雹，表示作夢者會暫時有一段
時間不如意。

（2）夢見自己被冰雹砸傷，則意味著災禍
臨近。

（3）夢見冰雹融化了，預示作夢者將會從
麻煩中解脫出來。

（4）夢見融化的冰雹變成了水，把自己沖
走了，表示作夢者仍然陷於糾結的狀
態中，必須慢慢調整過來。

## 夢的解析

不管你目前強烈希望什麼，這個夢都預示
著失望。

夢見

# 火

（1）如果火燒到你，則有麻煩；如果沒有
　　 燒到，則有好消息。

（2）看到房屋或其他建築著火，將有親友
　　 向你緊急求援。

（3）撲滅火或從火中逃脫，將排除萬難，
　　 大獲全勝。

（4）夢見閃爍的快要熄滅的火焰，代表失
　　 望。

（5）明亮的紅色的火焰，提醒你要克制住
　　 你的脾氣。

（6）穩定的上升的火焰，象徵著歡樂和幸
　　 福。

　　夢見「火」通常都是吉夢。古人常把火和錢財結合在一起解，所以火一般都是吉祥富裕的象徵，同時火也預示著溫暖和光亮。不過夢中由火衍生出來的煙霧，或者火災燒毀了房屋、家畜，則根據程度不同預示著不幸。

夢見

**風**

### ⭐ 夢兆

（1）如果你在夢中感到輕風向你吹拂，那表明你的生活和工作大致順利。

（2）如果是突然而至的狂風，那就說明你將會遇到挫折。

（3）如果在狂風中艱難行進，則表示你必須戰勝有力而陰險的對手才能達到目的。

### 🔍 夢的解析

閒話被稱為「風言風語」，意思是閒話傳得像風一樣快。因此在夢中，風就代表消息。風平浪靜，這風就是微風，所以表明你生活和

工作順利。反過來，如果遇到狂風，就不會那麼順利，將會遇上挫折。在狂風中艱難行走，狂風就是強而有力的對手，所以表示只有戰勝有力而又陰險的對手才能達到目的。

夢見

# 月亮

（1）夢見一輪明亮的月亮懸掛在無雲的天空，預示著新的令人興奮的變化。

（2）被飄動的雲朵遮蓋著的月亮，預示著取得成果之前要克服一些困難。

（3）滿月象徵著愛情上不尋常的成功。

（4）明亮的月光象徵家庭幸福。

夢的解析

　　月亮形狀改變表示人生變化、浮沉、流轉。夢見月亮，一切會順心如意。

（1）月圓以後將月缺，所以預示著變化。

（2）雲朵遮蓋月亮，但不會太長久，月光

仍會普照，所以困難只是暫時的。

(3) 滿月就是圓月，圓月就是團圓，所以象徵愛情上的成功。

(4) 家庭成員之間的關係就像月光一樣明亮，彼此瞭解，這是幸福的基礎，所以象徵家庭幸福。

夢見

# 太陽

夢見

## 夢兆

（1）明亮的陽光預示著各方面順利。

（2）夢見團團轉的、昏暗的太陽或者逃遁
　　　的太陽，象徵著家庭的麻煩。

（3）火紅的太陽說明你需為你目前的鬥爭
　　　樹立信心。

（4）看見太陽升起預示著茅塞頓開。

（5）看見太陽落山說明你將有一個突然的
　　　並且是向上的轉機。

## 夢的解析

　　太陽是生命力的象徵。

（1）明亮的太陽光代表光明、力量普照四
　　　方，所以能預示各方面的順利。

（2）因為家庭中有矛盾、有麻煩，心情不
　　愉快，所以在夢中的太陽也是變形的、
　　團團轉的、昏暗的、逃遁的。所以才
　　能說象徵著家庭的麻煩。

（3）火紅的太陽代表希望，所以預示你必
　　須樹立信心，因為前途是有希望的。

（4）太陽升起，驅散了黑暗和迷霧，所以
　　說茅塞頓開。

（5）從反說法採說，此夢應從反面來理解，
　　所以日落山就是上升。

夢見

# 島嶼

夢兆

（1）如果你在夢中乘船遇難來到一個島上，
　　　表明你遇上了麻煩。

（2）你生活在島上或參觀一座島嶼，你將
　　　有一次新的興奮的短暫經歷。

夢的解析

　　島嶼使我們遠離生活的壓力和煩惱，夢中
見到島嶼，則要從島嶼的類型才能幫助我們瞭
解夢的意義。有時，夢中的島嶼也代表新的希
望與轉機。乘船遇難來到島上，這就是麻煩事，
而在島上諸事都不便，更是麻煩，所以可以說
遇上了麻煩。因島嶼得救而生活在島上或參觀
一座島嶼，這都是暫時的，所以象徵有一次新
的興奮的短暫經歷。

76　　　解夢一本通

夢見

# 河堤

 夢兆

若河堤很高，你將倒退或止步不前；若很低，你將從一個舊關係的恢復中得益。

## 夢的解析

河堤通常是意識中的安全地帶在夢裡形成的意象，表示你有獲得內心安全感的需要。若河堤很高，你不想爬上去，所以可能倒退回去或止步不前。若河堤低，熟悉的河流看得清清楚楚，而且洗衣服、挑水等很方便，所以說將從一個舊關係的恢復中得益。

夢見

## 沼澤

### ⭐ 夢兆

（1）夢見沼澤，或者在沼澤地上行走，你
可能要肩負重大責任，但有些不自信。

（2）夢見自己身陷沼澤，提醒你必須付出
很大努力以避免陷進工作、朋友或親
屬的尷尬事務中。

（3）夢見穿越沼澤地，預示你將處於不利
的生活環境中。

### 🔍 夢的解析

　　夢中的沼澤有磨難的意味，也表示你自身
上蘊藏的潛能。沼澤只會愈陷愈深，而工作、
朋友和親屬中的一些事就像沼澤一樣，叫人十
分尷尬。所以說必須十分努力加以避免。

夢見

## 星星

### ⭐ 夢兆

（1）在夢中看到異常明亮的或閃閃發光的
　　星星，預示著你在某位異性朋友的幫
　　助下，完成自己的使命。

（2）灰暗的星星給你帶來財富。

（3）短暫的星星和流星也預示成功，但不
　　會像希望的那樣快。

### 🔍 夢的解析

　　古人常常對著星星祈求心願，船員憑藉星
星辨別了方向。如果夢見了星星，將會給你帶
來好運，令你享有富貴功名。

（1）異常明亮的或閃閃發光的星星，代表

那位異性朋友，他（她）的作用像星星一樣大，所以在他（她）的幫助和鼓舞下，可以完成某一項艱鉅的任務。

（2）灰暗的東西照例不會帶來財富，但以反說法來解說，灰暗的東西（星星）也能帶來財富。

（3）也用反說法來解此例。

## 夢見

# 懸崖峭壁

### 夢兆

夢見懸崖峭壁，提示你最近幾個月最好避免投機冒險。如果你攀登成功，則意味著雖有險阻，但你經過努力，終有所得。

### 夢的解析

夢見懸崖峭壁，大多數情況下，預示你的財產將遭到嚴重威脅，或是你的健康將會受到影響。夢中出現懸崖峭壁，通常表明你近期心理過於緊張，這是一種現實中失控的表現。

夢見

# 火山

⭐ **夢兆**

（1）正在爆發的火山警告你一直忽視生活中某種潛在的危險，應該即時採取防禦措施。

（2）冒煙的火山表示充滿激情的戀愛。

（3）死火山表示你今後的行為帶有冒險性，要小心謹慎。

🔍 **夢的解析**

　　火山埋伏著危險，所以應該時時提防。在冒煙的火山上不安全，如戀愛，則應懸崖勒馬，不再進行。死火山說不定哪一天還會冒火，所以還是不安全，因此應小心謹慎。在心理學上，

火山是一種意義豐富的象徵。如果火山熄滅，
表示你「扼殺」了自己的熱情，或者表示長期
困擾你的形勢終於結束了。

夢見

# 雲朵

## 夢兆

（1）天空昏暗，有暴風雲，預示有斷交的
　　　悲傷。
（2）天空晴朗，白雲飄飄，預示好日子將
　　　要來臨。
（3）白雲簇擁，預示將有豔遇。
（4）如果白雲遮住太陽，則將生意興隆。

## 夢的解析

　　夢裡的雲具有兩種代表意義：它可能預示
你感覺自己受到某個人或某件事物的震撼；也
可能警告你要防備可能發生的麻煩和危險。

　　暴風雲（烏雲）颳過，天空昏暗，什麼也

看不見，心裡很難受，所以可以象徵斷交的悲傷。天空晴朗，白雲飄飄，當然可以預示好日子來臨。白雲簇擁，富有浪漫氣息，仙女將要降臨，所以可以預示將有豔遇。烏雲遮住太陽，照例是不好的象徵，但反過來卻是好事，驅散烏雲見太陽，所以可以象徵生意興隆。

夢見

# 田野

⭐ 夢兆

夢見田野的含意很多,應結合其細節來分析。

一般來說:綠油油的或欣欣向榮的田野,表明個人事業的幸福滿足。凋蔽的或乾涸的田野,意味著挫折的到來。剛剛翻耕過的田野,則表明你需付出極辛苦的勞動,也許某種犧牲,才能實現你的目標。

🔍 夢的解析

從精神的角度看,田野意味著大地母親,是人類最大的養育人,也許還意味著「夢幻之

地」。綠油油、欣欣向榮的田野是希望和收穫
的象徵，可表示幸福滿足。反之，凋蔽、乾涸
的田野就意味著挫折與困難。只有努力才能改
變這種狀況，達到目的。

# 異國他鄉

## ⭐ 夢兆

（1）夢到外地或外國，意味著你的心願將
　　要實現，比你原先想像的要快、要堅
　　持住。

（2）夢到外地人或外國人，如果他或她熱
　　情友好，乃為好事。

## 🔍 夢的解析

　　夢意的核心是希望逃脫某一場合。從精神
的角度講，在異國他鄉，預示著你要經歷新的
精神旅程。本來想到外地或外鄉去的心願，現
在夢中夢到了，所以意味心願將要實現。外地、
外國人對你熱情友好當然是好事。

夢見

# 地震

## ☆ 夢兆

（1）夢見地震意味著環境的完全改變，這
　　　種改變將帶來好處，但需經過辛勤和
　　　堅韌的努力。

（2）夢見家住的房子在震動，天花板上的
　　　東西往下掉，可是房子沒有倒，表示
　　　你的工作將有變動。

## ◯ 夢的解析

　　夢中的地震通常指自身環境的變動，引起
內心不安，以及思想觀念、情緒情感方面產生
的動搖變化，在夢中轉化為一種能量的釋放。

# 光環

## 夢兆

（1）夢中看到某人頭頂光環是壞消息的表示。

（2）如夢見你自己頭頂光環，則表示出國旅遊。

（3）夢見光環繞著一個物體，表示一個值得讚揚的成就。

## 夢的解析

用反說法解，頭頂光環是壞消息。自己頭頂光環，由於名氣大，可能有人會請你出國旅遊。一個物體被環繞著光環，說明這個物體很有價值，是一種成就的表示。

夢見

# 珊瑚

## ⭐ 夢兆

（1）夢見美麗多彩的珊瑚叢，預示你會見
　　到不同領域的朋友。
（2）夢見紅色的珊瑚，表示你將有一位尊
　　貴的朋友。
（3）夢見粉紅色的珊瑚，表示你社交能力
　　強，人緣好，有很多朋友。
（4）夢見白色的珊瑚，預示你將會結識很
　　多新朋友。

## 🔍 夢的解析

　　珊瑚是群居在一起的，夢境中多彩多姿的
珊瑚，代表的是朋友。

夢見

# 流星

## ⭐ 夢兆

（1）夢到流星殞落表示上司、老闆身體有
　　　恙，若自己是老闆須注意突發事故。

（2）夢見流星停留在半空中而沒有掉下來，
　　　預示作夢者將要遷居，或是夢者的工
　　　作將要有新的調整或變動。

（3）夢見一顆流星劃破天空，象徵著突然
　　　的成功，這成功極其令人興奮，但曇
　　　花一現。

## 🔍 夢的解析

　　夢見流星，象徵著遷居。也主家宅紛擾不

安定，會生病或遭厄運。

夢見

# 黃昏

## ⭐ 夢兆

（1）夢見黃昏，暗示難以實現的希望，以及生意上黯淡的前景。

（2）夢見夜幕降臨，提示你冒風險去做的事情最終不會有好結果。

## 🔍 夢的解析

因為黃昏過去是黑夜，而黑夜代表困難。

夢見

# 彩虹

（1）夢中見到彩虹是件大好事，這表明所有的麻煩都快要過去，迎接你的將是巨大的幸福。

（2）離家在外的人夢見彩虹，代表歸期將至，很快就會與家人團聚。

（3）病人夢見彩虹，暗示身體已經在不知不覺中恢復，離康復的日子不遠了。

夢的解析

出現在夢中的彩虹是希望的象徵，象徵著恢復健康，展現了創造性和想像力。

夢見

# 深淵

## 夢兆

如果避免了掉進深淵，便能克服困難；如果掉進了深淵，你則要特別當心經營的生意。

## 夢的解析

深淵代表困難，沒有掉進深淵，就是能克服困難。掉進深淵就是困難重重，所以要特別當心。

夢見

# 雷鳴

## ⭐ 夢兆

（1）夢見驚雷，意味著作夢者可能會遇到突然的打擊。

（2）假如是連續不斷的隆隆聲，說明你對虛假朋友的疑心不是沒有根據的，也不是多餘的。

（3）如果你夢中的雷聲十分尖銳而且響亮，這表明你目前一個十分棘手的麻煩將立刻得以完滿的解決。

（4）如果雷雨大作，意味著成就，名利雙收。

## 🔍 夢的解析

　　夢中聽到雷鳴，可能意味著警告你，注

意感情上即將出現的爆發和危機。雷聲大雨聲小，這是虛假朋友的寫照。尖銳、響亮的雷聲十分乾脆，所以可以象徵棘手的問題立即得到完滿解決。

Part **2**

# 花草鳥獸之夢

# 紫羅蘭

## 夢兆

（1）夢見乾枯的紫羅蘭，暗示作夢者對對
方付出的愛，對方並不重視。

（2）夢見三色紫羅蘭，會受到同性朋友的
暫時誤解。

（3）夢見親吻紫羅蘭，將和一個比自己年
輕的人發生密切的聯繫。

## 夢的解析

當一個人在夢裡見到紫羅蘭的時候，多預
示了作夢者將會經歷一段不太愉快的時期。

夢見

# 水仙花

 **夢兆**

　　夢到生長在花園中的水仙花，是吉祥的象徵，但室內或花盆中生長的水仙花警告你防止虛榮和狂妄。

**夢的解析**

　　花卉象徵著愛情和同情。水仙是春天最早開花的植物之一，象徵著冬天的結束，因此，象徵希望和重生。花園中的水仙花生活在自然的環境中，自由自在，怡然自得，所以是吉祥的象徵。但室內的水仙化，是一種裝飾品，所以要防止虛榮和狂妄。

# 茉莉花

## ⭐ 夢兆

（1）未婚的人夢見給戀人戴茉莉花環，表明即將舉行婚禮。

（2）已婚的人夢見茉莉花環，意味著伴侶對自己忠貞不渝。

（3）夢見野地裡開放的茉莉花，意味著愛情的到來。

## 🔍 夢的解析

茉莉花一片潔白，香氣迷人，象徵著婚姻。

夢見

# 菊花

（1）夢到觀賞菊花，預示你的希望會變成
　　現實。

（2）夢見採摘菊花，表明你的生活狀態正
　　在逐步地提升。

（3）夢見贈送或收到菊花，說明你有貴人
　　相助。

夢的解析

　　夢中的菊花，象徵著收穫，金色的菊花代
表著夢者事業、愛情、學業的豐收，是吉兆。

# 牽牛花

## 夢兆

（1）夢見牽牛花，預示著作夢人很快會與
　　　家人相聚。

（2）如果孕婦夢見牽牛花，則預示著孩子
　　　快出生了。

（3）夢見牽牛花開，預示著離開家鄉的人
　　　將與父母相聚，兒時的好友即將到訪。

## 夢的解析

　　牽牛花象徵了親情。它適應性強，到處生
長而又互相友好，使人見了愉快，所以它是愉
快、友好的人際關係的象徵。

夢見

# 牡丹花

## ⭐ 夢兆

　　夢見牡丹，是表示可以得到友情，紅牡丹
是能得到美女的青睞。

## 🔍 夢的解析

　　總的來說夢到牡丹是吉兆，不過如果你伸
手攀折牡丹，卻是不吉利的。

夢見

# 玫瑰

（1）採鮮玫瑰，預示著巨大的快樂。

（2）送此花給人，表示你將被真誠地愛。

（3）收玫瑰，預示著極其重大的社會成功。

（4）人造的玫瑰出現在夢中，預示你的朋友中會產生欺騙和妒忌。

## 夢的解析

（1）、（2）、（3）夢見的玫瑰都是好夢，可以預示快樂、愛、成功，因為玫瑰有著特殊的魅力，人人都喜歡。（4）人造玫瑰因為它是假的，是欺騙行為，所以象徵你的朋友會欺騙你。

夢見

# 花卉

## 夢兆

（1）絢麗的鮮花，不論是長在戶外還是佈置在室內，乃是個人幸福的象徵。如果這些花死了或凋零了，或者你把它們扔棄，則告誡你不要輕妄自大或滿不在乎，不然會栽跟斗。

（2）工藝花卉，預示你將處於一個不得不違背你的信條辦事的境地，要穩住，別受其影響。

（3）野花，喻示一次快樂、興奮的奇遇。

## 夢的解析

　　鮮花象徵幸福。鮮花凋零了是不好的徵兆，如做事輕妄自大、滿不在乎，就會栽跟斗。

工藝花是假的，是裝出來的，所以，不得不違背信條辦事。野花在郊外、在山坡，遊玩的人遇見它，本身就是奇遇。

夢見

# 花園

## ☆ 夢兆

（1）井井有條卻不長花的花園，表明生活
　　　安逸。
（2）有人收拾雜草叢生的花園，表明苦難。
（3）鮮花盛開的花園，預示精神舒暢、天
　　　倫之樂、經濟有保障。

## 🔍 夢的解析

　　花園不長花，無人前來玩賞，不受擾，所
以表示生活安逸。雜草叢生，象徵不好，不好
就是苦難，所以表示苦難。鮮花盛開，一切都
好。

夢見

# 花束

### ⭐ 夢兆

繽紛的鮮花表示社會環境很佳。若花朵凋
零，則應做健康檢查。

### 🔍 夢的解析

環境佈滿繽紛的鮮花，當然環境好。花朵
凋零，象徵不好，也可能是自己身體有病，所
以要做健康檢查。

夢見

草

夢兆

（1）枯黃、荒蕪的草，表示你必須努力才
　　能得到。
（2）鮮嫩、整潔的草，預示你事業成功。
（3）割草是壞消息。
（4）吃草意味著感官享受。
（5）修草坪或種草，表明未來有保障。

夢的解析

　　青草是新生和多產的象徵。在從前的夢境
釋義中，人們把青草和懷孕聯繫在一起。今天
它已經被賦予了新的含意。

（1）枯黃、荒蕪的草需要努力護理。

（2）鮮嫩的綠草又整潔，是美好的，象徵成功。

（3）雜草長到需要割的程度，當然是壞消息。

（4）吃草意味著感官的享受，這是從牛馬方面引伸而來的。

（5）修草、種草，這是培植草坪，讓以後的草長得更好。

# 草坪

 **夢兆**

可愛的、精心修整的綠色草坪預示著家庭和個人生活幸福。而失修的、雜草叢生的或者枯黃的草坪象徵著此時你周圍充滿敵意。

**夢的解析**

家庭和個人生活幸福，就要像對待草坪一樣要精心修整。失修、雜草叢生、枯黃都是不好的象徵，周圍環境對你不利。

夢見

# 樹

⭐ 夢兆

（1）夢見種樹是愛情和友誼的預兆。

（2）夢見砍樹說明你正在給自己親手釀造
　　困境。

（3）夢見爬樹不見得就是步步高升的意思，
　　它預示著善舉不得好報。

（4）夢見開花的樹預示著意想不到的樂事。

（5）滾動樹或將樹成排擺好意味著更大的
　　進步。

（6）白楊樹象徵孤獨。

（7）蘋果樹象徵新的經歷，櫟樹象徵忠誠
　　的愛情。

（8）雲杉象徵健康。

（9）夢見樹根象徵新的變動或新生活的端
　　倪。

一棵樹就是一個人內心生活的原始結構。夢中見到一棵樹，你醒來後最好仔細研究一下這幅圖案。如果樹枝對外伸出，意味著溫暖而又可愛的性格。如果見到漂亮的樹象徵著井井有條的個性，而一棵雜亂無章的大樹則表示紊亂的個性。

（1）種樹是為了紀念愛情和友誼，所以種樹是愛情和友誼的象徵。

（2）砍樹可說自己親手在釀造困境。

（3）用反說法解釋，善舉不得好報。

（4）樹能開花結果，當然是好事。

（5）滾動樹或將樹成排擺好，這是採伐樹木，有了好收成，所以可預示取得了更大的進步。

（6）白楊樹參天聳立，好像與其他樹隔絕，所以說它象徵孤獨。

（7）蘋果年年結果，一年是一個歷程。櫟樹堅固，象徵愛情牢不可破。

（8）雲杉欣欣向榮，所以可象徵健康。

（9）樹根可重新發芽生長，所以可象徵新生活的開始。

## 夢兆

（1）綠樹葉象徵富裕、健康、幸福。
（2）枯萎的、乾枯的樹葉暗示你將有一段
　　　不幸的遭遇。
（3）落葉象徵著與朋友分手。
（4）風中飄動的葉子預示家庭爭吵。
（5）枝頭掛滿果實或開著鮮花的樹葉是財
　　　運亨通的象徵。

## 夢的解析

（1）綠色象徵美好，所以可說象徵富裕、
　　　健康、幸福。
（2）枯萎、乾枯的樹葉表示不幸。
（3）落葉是和樹枝分離，可以說是與朋友

分手。

（4）風中飄動的葉子，發出像爭吵一樣大
的聲音，預示家庭不睦。

（5）樹上掛滿果實是有收穫，所以可說是
財運亨通的象徵。

夢見

# 樹蔭

　　低矮大樹的樹蔭暗示你做事遊刃有餘，高樹的樹蔭表明你將在自己最感興趣的事業中獨佔鰲頭。

🔍 夢的解析

　　低矮的大樹樹蔭面積大，活動餘地大，所以可以暗示你做某事遊刃有餘。高樹的樹蔭只能佔到一部分地方，所以你只能在最感興趣的副業上發展。

# 樹籬

★ **夢兆**

（1）躍過樹籬，表明你將得到一件你一直
　　想要得到的東西。
（2）從樹籬洞中鑽過，預示社交上的懊惱。
（3）綠色的與鮮花盛開的樹籬是幸福與愛
　　情成功的象徵。
（4）荊棘叢生的樹籬，預示你將遇到野心
　　勃勃的、充滿敵意的競爭對手。

🔍 **夢的解析**

　　夢中的樹籬代表著社會障礙或階級侷限，
也可能反映了你對個人秘密空間的需求。一方
面，你意識到某種關係給你帶來限制，約束你

的生活。另一方面，也可能是你自我表達遇到障礙的象徵。

（1）因為你一直想要的東西，你才會躍過樹籬去取。

（2）鑽籬笆並不愉快。

（3）綠色、充滿鮮花代表美好，所以說是幸福與愛情成功的象徵。

（4）荊棘叢生，就是處處充滿著敵意。

夢見

## 天鵝

⭐ **夢兆**

（1）夢見黑色天鵝，表明經濟吃緊在即。

（2）漂浮水面的白天鵝是美好愛情、圓滿
　　　家庭生活的象徵。

（3）飛翔的白天鵝預示著事業進展順利。

🔍 **夢的解析**

　　黑色表示恐怖、緊張，所以黑天鵝表示經
濟吃緊即將來臨。白天鵝表示美好，而美好一
般展現在愛情和家庭生活上，所以白天鵝是美
好的愛情和圓滿的家庭生活的象徵。飛翔是上
升、高升的意思，所以預示著事業進展順利。

夢見

## 烏鴉

⭐ **夢兆**

夢見烏鴉表示你將會遇到不吉利的事情，要注意提防。

🔍 **夢的解析**

因為烏鴉的顏色難看，叫聲難聽，所以民間都認為不吉。傳統上，夢裡的烏鴉是提防死亡的警告，牠也可以象徵智慧和詭計多端。

夢見

# 公雞

 **夢兆**

　　如果夢中聽到公雞叫，則有喜訊；若是夢到公雞打鬥，則預示家庭不和。

**夢的解析**

　　公雞叫，天將明，人們盼望在新的一天裡能有喜事出現，所以說有喜訊；公雞是家禽，本性好鬥，所以要當心家庭不和。

夢見

# 老鼠

## ⭐ 夢兆

（1）夢見你把老鼠嚇跑，預示著你能克服
　　困難或戰勝敵人。

（2）如果夢見老鼠在你的衣服上，警告你：
　　你信任的某人在誹謗你。

（3）夢見你把老鼠殺死了，象徵財物的增
　　加。

## 🔍 夢的解析

　　在古代神話中，老鼠是黑夜的象徵，與
牠有關的夢預示著作夢人和朋友或家庭成員不
和。在心理層面上，老鼠代表激動和不理解。

（1）老鼠是壞東西，見不得人，牠是和困

難或敵人一樣壞的東西，現在你把牠
嚇跑了。所以，象徵你能克服困難和
戰勝敵人。

（2）老鼠居然爬到人的衣服上，所以是肆
無忌憚，膽大妄為的，當面是這樣，
那麼在背後也更會這樣。而這些人當
面一套，背後一套，在背後就有可能
會誹謗人。

（3）老鼠貪吃，是一個無底洞，現在把老
鼠殺死了，洞口堵住了，所以象徵著
財富的增加。

夢見

# 魚

（1）魚在清澈的水中悠游，是財富和權力
　　 的徵兆。

（2）如果你在清澈的水裡釣魚，並能見到
　　 魚在咬食，預示你將會得到你要的東
　　 西。

（3）夢見死魚是失望和沮喪。

（4）夢裡逮住魚，是成功的象徵，逮住的
　　 魚越大則成功就越大。

（5）夢見鯉魚，則要高升。

（6）如果夢裡出現漁網，空的預示挫折，
　　 滿的預示成功，破的便是失敗。但仍
　　 然有魚則是成功。

## 夢的解析

　　魚代表財富，不但包括有形的金錢物質，也包括無形的精神財富。「魚」還有另一個解法，那就是表示「機遇」。

（1）魚在水中游，則如魚得水，所以是財富和權力的徵兆。
（2）魚要上鉤了，這就象徵你能得到你所需要的東西。
（3）死魚已是沒有希望生還，所以象徵失望和沮喪。
（4）逮住魚當然是成功。
（5）鯉魚躍龍門，所以象徵高升。
（6）撒下的漁網，網不著魚，破網也難以網魚，當然是失敗，能網到魚當然是成功。

夢見

## 狗

(1) 若夢見狗對你很友好，意即你與朋友
相處融洽；若狗很兇暴或在狂吠，意
味著與朋友不和或朋友不值得依賴；
若咬你或攻擊你，則要當心你所信賴
的人欺騙你、坑害你。

(2) 聽到狗在高興的吠叫，預示社交的成
功，若是狂吠，當然有禍事。

(3) 看見狗在打架，你可能得去調解朋友
的紛爭，宜注意方式與方法。

(4) 如果夢見的狗格外大，有權有勢的朋
友將會保護你；如果夢見的是小狗，
預示有人需要幫助。

## 夢的解析

　　夢到的狗根據情況不同可以表示不同意義：你認識這隻狗，牠是你兒時飼養的寵物，則表示美好的回憶。否則，則象徵忠誠——就像狗對待人類的忠誠那樣。如果夢境涉及到某種具有特別能力的狗，則說明你需要獲得這種狗的能力，從而達到自己預定的目標。

（1）狗象徵朋友，友好就象徵和朋友相處融洽，反之就和朋友相處不好。如狗咬你則要壞事，你朋友要欺騙你、坑害你了。

（2）狗高興的吠叫，和朋友相處好，所以說社交成功。若狂吠，關係不好，說不定有什麼禍事到來。

（3）狗打架是朋友打架，所以要去調解朋友糾紛。

（4）大狗是強而有力的朋友，小狗是弱小的朋友，所以有人會保護你，你也要保護人。

夢見

貓

## ⭐ 夢兆

　　女性夢見玩耍的小貓預示著一個愉快的浪漫事；對男子則預示愛情上的失意。

## 🔍 夢的解析

　　按照古人的傳統習慣，夢見貓是件好事。但是如果在夢中，貓和老鼠很親熱，所謂貓鼠同眠，則不是一件好事。女性愛貓，貓象徵男友，所以會出現浪漫事。貓有時並不溫順，又太調皮，並不一定適合男子，所以預示愛情上將失意。

夢見

# 小昆蟲

## 夢兆

夢見這些討厭的小昆蟲，預示著朋友或同事的妒忌給你帶來的煩惱；如在夢裡消滅或擺脫牠們，則這些煩惱便會自行消失。

## 夢的解析

討厭的小昆蟲會給人帶來煩惱；同樣，對你妒忌的朋友、同事，也會給你帶來煩惱。煩惱在夢裡消失或擺脫了，說這些煩惱已消失了，是因為日有所思，夜有所夢。

夢見

# 龍蝦

## 夢兆

夢裡的活龍蝦意味著臨近的困難，這些困難將使你深感苦惱。

## 夢的解析

把活的龍蝦做為困難解釋是從反面來說的。

夢見

# 動物園

（1）夢到了動物園，那就表示你將在遙遠
　　 的地方見到許多未曾見過的人。

（2）如果你帶著孩子一起去動物園，你的
　　 旅行將使你有所收穫。

夢的解析

　　動物園裡有遠方來的你未曾見過的動物，
由此象徵未曾見過的人。孩子在動物園裡可以
增長知識，所以說使你有所收穫。

夢見

# 森林

## ⭐ 夢兆

　　森林火災，預報你將得到好消息。躲進森
林，你眼前的困難將得到完美的解決。

## 🔍 夢的解析

　　森林失火是好事，這是反說法。躲進森
林，無影無蹤，什麼矛盾都解決了。

夢見

# 蛀蟲

## ⭐ 夢兆

（1）如果蛀蟲在衣服上或毯子上蛀洞，預示著家庭的憂愁或困境。

（2）如果你成功地捉住了蛀蟲並消滅了牠，預示著你將戰勝你的敵手。

## 🔍 夢的解析

（1）衣服、毯子都被蛀蟲蛀成洞，說明家中主人有憂愁、困難。

（2）蛀蟲代表敵方，捉住了蛀蟲就是戰勝了敵手。

夢見

# 龍

## ⭐ 夢兆

（1）夢見龍在黑暗的洞穴中噴火，暗示作
　　　夢者將會獲得橫財或走上富貴之路。

（2）夢見蛇幻化成龍，說明作夢者將有貴
　　　人相助。

（3）夢見龍散發著光芒，預示作夢者近期
　　　家裡將會有喜訊傳來。

（4）夢見龍吐出金塊或玉珠，意味著作夢
　　　者將會得到上天的恩寵，家業、事業
　　　均會好運連連。

（5）夢見騎著龍飛翔，是好徵兆，暗示作
　　　夢者有可能得到幸運之神垂青。

## 夢的解析

　　夢見龍是吉利的象徵，代表作夢者身邊有人會升官發財，而自己也會獲得他人的信任。龍是吉祥物，白龍為善，黑龍為惡，黃金龍則代表前途無量。

夢見

鯊魚

⭐ 夢兆

　　這個不友好的游水者預示著危險，尤其要當心經濟上的疏忽。

🔍 夢的解析

　　鯊魚十分兇殘、危險。

# 蝴蝶

## ☆ 夢兆

（1）夢見蝴蝶在花叢裡飛舞，你會過著幸
　　　福的生活。但是蝴蝶折斷翅膀，你會
　　　生意虧損，身體患病，忍受精神折磨。

（2）夢見蝴蝶停在自己的頭頂或帽子上，
　　　會連升三級，或成為百萬富翁。

（3）夢見追捕蝴蝶，會與自己相愛的人結
　　　為伉儷。

## 🔍 夢的解析

　　蝴蝶輕靈美麗，象徵著人類美好的精神生
活。中國自古便有「梁祝化蝶雙飛」的美麗傳
說，夢見漂亮的蝴蝶，是愛情、事業、家庭幸
福成功的象徵。

Part **3**

人間煙火之夢

# 吃水果

## ⭐ 夢兆

（1）水果是成熟的，則是如意的象徵。如果不熟、苦澀或腐爛，則不如意。

（2）放在果盤裡的水果，表示不勞而獲。

## 🔍 夢的解析

成熟的是好的，所以是如意的。如果不熟、苦澀、腐爛、不好吃，就不能如自己的意。

夢見

# 香腸

（1）要是你夢見櫥窗裡貨攤上擺著各式各
樣的香腸，這表明你在事業或金錢方
面將時來運轉。

（2）如果你在吃香腸，那你可能成為一樁
破裂婚姻或失敗戀愛的罪魁禍首。

夢的解析

　　到處都是香腸，說明貨源充足，這給你在
事業或金錢方面的轉機提供了條件。香腸是醃
製的，裡面有致癌物質，這樣有礙健康，因為
香腸是家庭中常用食品，所以就能預示婚姻或
戀愛失敗。

## 夢見

# 西瓜

### ⭐ 夢兆

如果西瓜仍在藤上，這警告你交朋友要當心；如果不在藤上，表示你將有計畫外的旅行。

### 🔍 夢的解析

西瓜藤糾纏不清，預示交朋友不要像西瓜藤一樣搞不清，應分清知心朋友和一般朋友。西瓜不在藤上了，已成熟掉落下來，不在收穫的打算之內，需要出門賣瓜了，所以將有不在計畫內的出門。

 夢兆

你若有幸在夢中吃到番茄，用番茄做菜或者吮吸番茄汁等，這將預示你取得成功或某方面的滿足。

夢的解析

番茄營養豐富，所以可預示你取得成功或某方面的滿足。

夢見

# 吃沙丁魚

（1）夢見吃沙丁魚，告誡你警惕周圍有一
　　　股妒忌你的勢力。
（2）打開沙丁魚罐頭，表示你正在壓抑著
　　　自己的感情，此時，你最好向朋友傾
　　　訴一下心境。

夢的解析

　　沙丁魚味道鮮美，十分好吃，而別人吃不
到，所以妒忌你。

夢見

# 酒杯

⭐ **夢兆**

夢見滿酒杯是財富增長的象徵。如果是空酒杯,則預示受挫。

🔍 **夢的解析**

酒杯滿了,象徵富足,所以是財富增長。空酒杯裡沒東西,預示不富足,這可能是因為受挫的緣故,所以說預示受挫。

夢見

# 餅乾

（1）夢見吃餅乾，則預示家庭和愛情不和。
（2）夢見骯髒或細碎的餅乾，比如被坐、
　　被踩、被壓或打掃餅乾，則預示會有
　　朋友方面的麻煩。

🔍 夢的解析

　　現在家中連做飯的人都沒有了，只能吃
餅乾了，所以說是家庭和愛情的不和。骯髒和
細碎的餅乾是要被拋棄的，這好像對待朋友一
樣，不好的朋友也要拋棄，但被你拋棄的朋友
卻認為你不夠朋友，將會對你產生種種不利，
所以說會有交友方面的麻煩。

夢見

# 想吃東西

## ⭐ 夢兆

（1）如果你在夢中覺得餓了，或食慾不振，
　　 應做一次體檢，可能你胃中有病。

（2）夢中胃口大開，提醒你別胡亂花錢，
　　 否則你經濟上將會一塌糊塗。

## 🔍 夢的解析

　　在前面已經說過，夢可以預兆疾病，所以
要做一次體檢。大吃大喝就是胡亂花錢，而胡
亂花錢，就會使你經濟上不可收拾。

# 宴席

## 夢兆

夢見豐盛的宴席，你的家庭和睦幸福，富足安逸。如果這宴席使你有任何不快，或席間有空位，你應避免與人爭吵。

## 夢的解析

宴席是和諧快樂的，所以可以預示你的家庭將和睦幸福，富足安逸。宴席上如有不快，或者有人不願出席（空位），可能會使人發生爭吵。

夢見

# 吃蛋

（1）夢見吃蛋，表明身體健康。

（2）夢見的蛋如果破裂、打碎、變質，說
明你由於輕信而致失望。

（3）彩蛋，預示將有值得慶賀的事。

夢的解析

　　吃了蛋有營養，所以身體能健康。蛋壞
了，卻輕信它是好的，結果只能是失望。送彩
蛋就是有慶賀之事。

夢見

# 食米

⭐ **夢兆**

凶，主死亡之兆。

🔍 **夢的解析**

古時認為「米」字由八木組成，而棺材也是由八塊木組成。食米為飲食，古時死人要含飯入殮，所以食米為凶，主死亡之兆。

夢見

# 石榴

## 夢兆

　　文人夢此有奇才，武人夢此有秘策，商販夢此獲重寶。師當復留，行人未歸，囚者未出。

## 夢的解析

　　石榴結子奇特，所以說有奇才、秘策、重寶。榴與留諧音，所以師當復留，行人未歸（留），囚者未出（留）。

夢見

藕

## 夢兆

　　士人夢此心竅開通，女子夢此品行高尚潔白。

## 夢的解析

　　藕中孔開通，所以可象徵心竅開通。藕肉潔白，所以可象徵女子品行高尚潔白。

夢見

# 油

⭐ 夢兆

（1）夢見油田或開採油井以及夢見自己身
　　體或衣服上有油跡都是錢財來臨的象
　　徵。

（2）給機器上油象徵著你對自己奮鬥的領
　　域或社交團體的重視。

（3）購買汽油預示愛情（或家庭）問題將
　　有可喜的進展。

（4）在廚房燒油或用油煎餅，揭示你懷疑
　　的某個人實際上是可靠的，喝油是你
　　自己或你關係親近的人健康改善的徵
　　兆。

（1）有油就是有油水，所以可以象徵錢財
　　　來臨。

（2）給機器上油，說明你在不斷地努力工
　　　作、奮鬥，所以受到大家的重視。

（3）購買汽油是給愛情或家庭增添了動力，
　　　所以可說有了可喜的進展。

（4）油是可以燒菜的，懷疑不能燒是不對
　　　的。喝油，增強營養，對人健康就有
　　　好處，所以可以象徵健康的改善。

夢見

# 酒吧

⭐ **夢兆**

如夢見你進了一家酒吧間,你可能會做出
一些不名譽的事情。

🔍 **夢的解析**

進酒吧喝酒,如喝多了,就會做出一些不
名譽的事情來。

# 烤製

## ⭐ 夢兆

（1）夢見自己動手烤製任何東西，你將在
　　　地位上有大提高。

（2）夢見烘焙麵包房或麵包師，則一年裡
　　　很順達。

## 🔍 夢的解析

　　自己動手烤製，說明自己能具有獨立性，
而不是依賴於別人，所以可以說將在地位上有
提高。麵包烘焙房或麵包師是能保證烤製好食
品的，所以可預示一年很順達。

夢見

# 食譜

## 夢兆

夢見的食譜，如果既不是奢侈的，也不是簡陋的，預示長時間的舒適生活。

## 夢的解析

不奢侈、不簡陋，既不浪費又不太節儉，過著正常人的生活，所以可預示長時間的舒適的生活。

夢見

# 喝東西

## ⭐ 夢兆

（1）喝濁水、髒水，預示環境不幸而地位
　　或金錢受損。

（2）喝冷水、涼水，預示透過知識而獲得
　　榮譽和成就。

（3）喝牛奶也是成功即將到來的吉兆。

（4）喝飲料，比如可口可樂等，意味著幸
　　福就在前頭。

（5）喝很甜的東西，如糖漿，預示將有熱
　　烈的戀愛。

## 🔍 夢的解析

（1）濁水、髒水是環境不好，而環境是地
　　位或金錢的受損。

（2）冷水、涼水表示艱苦奮鬥，由於艱苦
　　奮鬥才能獲得知識、得到榮譽和成就。
（3）喝牛奶營養豐富，所以說是吉兆。
（4）喝可口可樂是享受，所以意味著幸福。
（5）戀愛有如喝甜水、糖水。

夢見

# 喝醉酒

⭐ 夢兆

（1）夢見自己喝醉酒，則當心因低收入高消費而導致沉淪。

（2）夢見別人喝醉酒，意味著借出去的錢收不回來，不過放心，你不在乎這點錢。

🔍 夢的解析

　　經常喝酒是高消費。別人喝醉酒花費太大，所以借的錢還不出來了。

夢見

## 大廈

（1）如果夢見大廈很豪華，你得準備接受
　　一些你不喜歡的變化。

（2）如果大廈空空蕩蕩或條件惡劣，你可
　　以期待一些好的轉變，儘管開始並不
　　如此。

### 夢的解析

　　大廈很豪華，可能你不習慣，所以說你得
準備接受一些你不喜歡的變化。如果大廈空蕩
或條件不好，你可以加以改變，所以說可以期
待一些轉變。

夢見

# 小房間

如夢見自己被關在一個小房間裡，切忌不守信義，否則會失去朋友。

夢的解析

如夢見關在小房間裡，朋友來解救你，你也答應了他的要求。可是後來你不講信義，所以就失去了朋友。

# 天花板

## ☆ 夢兆

　　若天花板有裂縫或殘損應提防你的同事可能欺騙你；若保持完好或修繕得力，則你和同事的關係更好。

## 🔍 夢的解析

　　天花板上有裂紋或殘損，同事沒告訴你，所以說應提防你的同事可能欺騙你。若天花板完好或修理好了，那麼或許能比原來的天花板更好，所以你和你的同事的關係將更好。

夢見

公寓

## 夢兆

（1）如果公寓小，不很舒適，應避免家庭
　　不和。
（2）如果公寓很寬敞，而且豪華，你將在
　　財富上有穩定增長。

### 夢的解析

　　如果公寓較小，不舒服，家人住在一起容
易引起矛盾，所以說宜避免家庭不和。如果公
寓寬敞、豪華，住在裡面心情舒暢，則有助於
事業上的發展，財富也可增長，所以說將在財
富上有穩定增長。

夢見

## 書桌

（1）關著抽屜的書桌表示失望，可能是生意上或社交方面的。

（2）開著抽屜的書桌，無論是否坐在那裡，是否伏案工作，表示你將稱心如意。

（3）翻找或清理書桌，你將新結識一些有影響的朋友。

夢的解析

關是關閉，和外界關閉了，不通暢，則意味著生意上或社交方面的失望。開表示暢通，不論你怎樣工作，都表示你稱心如意。翻找或清理書桌，接受新的任務，或調動工作，所以說將可能結交一些有影響的朋友。有影響的朋友可能是接待你的部門主管。

夢見

# 衣櫥

夢兆

（1）空的衣櫥警告你可能會負債，或者在工作中沒有盡到責任。

（2）滿的衣櫥則表示你經濟富裕或工作頗有成績。

🔍 夢的解析

衣櫥半空了，衣服沒有了，可能賣了，所以說可能會負債。衣櫥是空的，說明由於你工作不努力，收入少了。滿的衣櫥，說明買的衣服多，表示經濟富裕。工作有成績，收入多，所以衣櫥才會滿，所以說工作頗有成果。

夢見

# 陽臺

## ⭐ 夢兆

（1）夢見陽臺，只要你泰然處之，你一定
　　 能克服障礙。
（2）如果陽臺裂開或有險情，你將會得到
　　 遠處朋友的不幸消息。

## 🔍 夢的解析

　　站在陽臺上，眺望遠方，心裡開朗，一切
困難和障礙都不在話下，所以只要泰然處之，
定能克服障礙。因為站在陽臺上看得遠，而陽
臺裂開是壞消息，所以說，可能有遠處朋友的
壞消息。

夢見

# 床

（1）一張陌生的床，預示你將有轉機。

（2）你自己睡的床則表示安全。

（3）借床是有不速之客來訪。

🔍 夢的解析

　　睡在一張陌生的床上，表示你換了一個環境，由此可能你有新的轉機。睡在自己家裡的床上，所以表示安全。有不請而來的客人，所以要借床。

夢見

# 窗子

## 夢兆

（1）打開窗子表示輕易的成功。

（2）關上窗子表示逃脫了危險。

（3）跳出或爬出窗子表示你雖然遇到了麻煩，但是你有辦法解決。

（4）夢見爬進窗戶表示新的機會正在向你招手。

（5）夢見百葉窗，警告你檢點與異性的關係。

## 夢的解析

打開窗子，清風徐來，使人感到喜悅，所以說表示輕易的成功。關上窗子，和外界隔絕，沒有參與任何危險的事，所以說表示逃脫了危

險。跳出或爬出窗子是說屋子裡發生的麻煩事你能躲過，所以說你有辦法解決。開門的鑰匙丟在家裡，只能爬窗子進去取，然後再開門，這是進門的另一種方式，另一種機會，所以說新的機會在向你招手。百葉窗是透亮的，從外面可看到裡面，所以警告你要檢點，不然別人會發現。

夢見

# 帳篷

⭐ 夢兆

（1）夢見帳篷會遭到個人的、錢財方面的
　　不測。
（2）如你夢見的是紮帳篷，你將很快解脫
　　煩惱。
（3）夢見倒塌的帳篷或其他什麼方式毀壞
　　的帳篷，這種夢分明是在警告你是否
　　可以重新修訂一下個人的、不為人知
　　的計畫。

🔍 夢的解析

　　帳篷是住人、放錢財的，可能有人覬覦
它，所以要預防不測。紮帳篷是解除無地方住
的煩惱，所以可說很快解脫煩惱。倒塌、毀壞
的帳篷表明這些帳篷已不可能用了，所以可以
警告你要重新修改計畫。

# 城堡

## 夢兆

（1）夢見參觀或居住在城堡裡，則預示今後一段日子裡將過得非常舒服。

（2）若是夢見一座荒廢的城堡，則應約束自己的感情和脾氣。

## 夢的解析

在城堡裡生活受保護，所以可以說有一段舒適的日子。如廢棄的城堡，則不能悲觀失望，應約束自己的感情和脾氣。

夢見

刀

## 夢兆

（1）一把尖刀象徵著個人的衝突。

（2）一把鏽刀象徵家庭的矛盾。

（3）一把斷刀預示著在愛情上的失敗。

（4）一把打開的彈簧刀或是小刀預示著法
　　　律上的麻煩。

（5）一把鈍刀預示著報酬很少的艱苦工作。

（6）用刀子割你自己是發出警告，有人會
　　　向你逼債。

## 夢的解析

（1）尖刀很銳利，不讓人，所以容易引起
　　　衝突。

（2）鏽刀不用不擦，可見家庭矛盾很突出，

關係不好。

（3）斷刀不能再用，愛情不能繼續下去了。

（4）彈簧刀、小刀是凶器，用來刺人，就
　　　會引起法津上的麻煩。

（5）鈍刀使用時費力，且收效不高，所以
　　　說工作艱苦，報酬少。

（6）逼債像割肉一樣，所以割肉是有人逼
　　　債。

夢見

## 燈

（1）無論是煤油燈、氣燈、電燈，點亮燈
　　就象徵成功。

（2）熄燈是建議你休假或採取其他形式的
　　休息。

（3）一盞沒有點亮的燈意味著失望。

（4）一盞昏暗的或搖曳的燈帶來疾病的消
　　息。

（5）門外或窗口掛一盞指示燈預示著好運
　　氣的到來。

（6）打破一盞燈預示著缺乏信任而帶來的
　　困難。

（7）許多閃亮的燈或裝飾燈是喜慶的信號。

（8）紅燈是警告你由於控制不住感情或脾

氣而招致危險。

（9）夢中出現路燈是家庭出現麻煩的象徵。

## 夢的解析

（1）燈，特別是點著燈，象徵著光明，所以說能象徵成功。

（2）熄燈是叫人們休息，所以可建議你休假或其他形式的休息。

（3）燈沒點亮，什麼事都不能做，所以只能失望。

（4）昏暗、搖曳的燈是不祥之光，一副淒涼景象，所以可以說將會帶來疾病的消息。

（5）指示燈是指示方向的，也是點燈者一種願望的反映，而所有願望中最重要的一種願望就是好運氣來臨，所以說可以預示好運氣的到來。

（6）把燈打破了，必然會產生困難。

（7）喜慶之日都掛許多裝飾燈。

（8）紅燈表示危險，如路口的紅綠燈。只能克制自己，要忍耐，如一定要闖紅

燈，就會有危險。

（9）路燈是孤獨的象徵，在深夜它孤零零地亮著。而一個家庭如果就像路燈這樣，那就會出現麻煩，甚至會有離婚的可能。

## 夢兆

（1）發現財寶表明你事業初級階段的順利。

（2）挖財寶預示身體狀況轉佳的表現。

（3）掩埋財寶預示接受貴重的禮物。

## 夢的解析

（1）發現財寶是好事。但不是挖掘財寶，而只是發現財寶，所以說是初級階段的順利。

（2）有力氣爬山去挖財寶，身體情況當然很好。

（3）掩埋財寶代表著收藏的意思，可以引申為接受。

夢見

# 戒指

## ⭐ 夢兆

（1）夢見丟失或打戒指是成功的象徵。

（2）如果你夢見收到一個做為禮物的戒指，
　　　表明你將有新的重要友誼。

## 🔍 夢的解析

　　戒指做為禮物，當然象徵友誼的重要。

## 夢兆

（1）男人夢見首飾，家庭消費遽增。

（2）男人佩戴首飾，妻子或情侶會離開人世。

（3）女人夢見一個或幾個首飾，丈夫會富有。

（4）已婚女人戴金首飾，丈夫會應邀參加親戚朋友婚禮。

（5）少女夢見戴首飾，會嫁給有錢的人家。

（6）夢見別人偷首飾，發財是不可能的。

## 夢的解析

（1）購買首飾，消費當然增加。

（2）死人入殮要佩戴首飾，所以有人會離

開人世。

（3）戴幾個首飾的女人，是丈夫富有。

（4）戴首飾是為了赴婚禮的宴會。

（5）有錢人家才會有首飾。

（6）偷首飾屬竊盜罪，只會坐監牢，發財
　　　當然是不可能的。

夢見

# 支票

## ⭐ 夢兆

（1）夢到你用空頭支票去騙朋友，表示你
　　　為了實現自己的計畫，將不擇手段。
（2）夢到接受支票，帳款都能收回來。

## 🔍 夢的解析

（1）用空頭支票騙人，當然是不擇手段。
（2）能收到支票，當然帳款能收回來。

夢見

# 鑽石

## ⭐ 夢兆

（1）現實中你真有鑽石，意味著你可能會
　　　失去它。
（2）你的經濟地位不允許你有鑽石，而它
　　　出現在你夢裡，則可能有不太大的收
　　　益。

## 🔍 夢的解析

（1）時時擔心失去鑽石，所以在夢中出現，
　　　這就有真的失去鑽石的可能性。
（2）一直夢想有鑽石，但要真正得到鑽石
　　　是不可能的。可是略有一點收益還是
　　　可能的。所以說有不太大的收益。

夢見

# 手鐲

### ⭐ 夢兆

　　男人夢見自己手腕上戴上手鐲，是很快被送進監獄的預兆或危險。

### 🔍 夢的解析

　　手鐲像手銬，所以可以預示有送進監獄的危險。

# 彩券

## ☆ 夢兆

（1）夢見參加搖獎，生意會不順利。

（2）男人夢見抽獎，會心情懊喪，鬱鬱不
樂。

（3）女人夢見抽獎，丈夫會失去經濟來源。

## 🔍 夢的解析

（1）搖獎是沒有把握的，中獎的可能性極
小，所以把它放在做生意上就會不順
利。

（2）參加抽獎得不到獎，心情就會懊喪、
不快樂。

（3）女人現在夢見抽獎就希望得獎，這說
明家庭經濟不寬裕，才會萌發發意外
之財的夢想，由此可說明丈夫的經濟
來源成問題。

夢見

# 收入

（1）夢見你的財產由於收入流進來而不斷地累積，表示在現實生活中，你將欺騙某個人，並因此而惹來麻煩。

（2）夢見把薪水遺失了，這表示你會過不如意的生活。

（3）夢見自己入不敷出，象徵你的親友會破費。

（4）夢見你收入的一部分能存起來，表示在短暫的時期內會非常成功。

🔍 夢的解析

（1）財產能不斷流進來，一般的方法不可能這樣快，採用的可能是欺騙手段，

所以會帶來麻煩。

（2）把薪水遺失了，當然會過著不如意的
生活。

（3）自己入不敷出，就會向親友借貸，所
以親友會破費。

（4）能有短期儲蓄，所以在短期內在累積
錢財方面會獲得成功。

# 耳環

## ☆ 夢兆

對於婦女，耳環表示切忌搬弄是非。

## 夢的解析

戴上耳環，別人可能會有所議論。如果聽到這些議論對妳不利，也應正確對待，不能再搬弄是非。

# 項鍊

## ☆ 夢兆

（1）如果夢見項鍊，則象徵著獲得愛情。

（2）如果折斷或跌落項鍊，那將預示家庭
　　爭吵或愛情失意。

## 🔍 夢的解析

　　項鍊一般是獻給戀人的，所以夢見項鍊則
象徵著獲得愛情。

# 金子

## ⭐ 夢兆

（1）夢到金條、金塊等意味著錢財來得容易去得快。

（2）夢見金布、金衣、金繡花以及金鑲邊，是榮譽和聲望的象徵。

（3）尋找黃金說明透過自己的積極努力，能夠成功地改變不滿意的環境。

（4）採金、煉金提醒你「發亮的東西不一定是金子」，你必須防止以貌取人的傾向。

（5）藏金意味著你不好好地保護自己的利益，你應採取積極行動。

（6）偷黃金或清點黃金是警告你，「金錢乃萬惡之源」，擁有它是要付出代價

的。

(7) 如夢見金製品如餐具、珠寶、勳章、
金幣等，預示著穩定的經濟收入。

### 夢的解析

(1) 夢中得到金條、金塊，醒來就沒有了，
當然意味著錢財來得容易去得快。

(2) 金布、金衣是一種賞賜，金繡花以及
金鑲邊一般是放在榮譽證書上的，以
上這些東西都是榮譽、聲望的表示。

(3) 尋找黃金，可能得到黃金，所以說透
過努力能夠改變不滿意的環境。

(4) 金子的外表好看，所以說必須防止以
貌取人的傾向。

(5) 怕金子被偷或被搶，所以要好好保護
收藏起來。以此類比自己的利益也應
這樣。

(6) 黃金就是金錢，如果不務正業想要偷
金錢，那麼，一旦發現後果就不堪設
想。所以說，擁有它是要付出代價的。

(7) 有這些金製品，那麼收入可觀，所以
說預示著有穩定的經濟收入。

夢見

珠珠

★ 夢兆

（1）夢見珍珠預示社會地位和財富增長。

（2）珍珠丟了或珠鍊斷了，則即將倒楣。

（3）如果珍珠失而復得重新串了起來，那
麼損失將會很小。

🔍 夢的解析

（1）戴珍珠的都是地位較高、財富較多的
人，所以夢見珍珠可預示社會地位和
財富急遽增長。

（2）珍珠丟了，當然很倒楣。

（3）因為失而復得，或重新串起來，損失
會很小。

# 屍體

## 夢兆

（1）若是一具陌生人的屍體，意味著你將
　　幸福美滿。
（2）若是一具熟人的屍體，則意味著你戀
　　愛中的疏遠和不幸。

## 夢的解析

　　根據反說法，屍體代表不幸，那麼反過來
解釋就是幸福。熟人比喻親近的人，屍體是冰
冷的，親近人對你冰冷，所以意味著疏遠與不
幸。

夢見

# 墳墓

## 夢兆

（1）一座堆積著鮮花的新墓預示著諾言的
　　 背棄。
（2）荒蕪的墓，意味著傷心。
（3）掉進墓裡是失去友誼的跡象。
（4）掘墓或夢到自己的墓，則是告誡你，
　　 暗伏的敵手想挫敗你。

## 夢的解析

　　墳墓象徵死亡、埋葬。但是死亡或埋葬未
必是可怕的，如果被埋葬的是作夢者的傷痛、
作夢者的錯誤、作夢者的缺點，這也許還是一
件好事。

夢見

# 減肥

## 夢兆

　　如果你在夢裡見到自己減肥成功，那你一定會在現實中介入一次新的激動人心的戀愛。

## 夢的解析

　　減肥成功了，確是一件喜事。因為苗條了，恢復青春，可能會重新談戀愛，所以說會有一次激動人心的戀愛。

## 夢見

# 眼瞎

### ⭐ 夢兆

無論夢見是你自己或別人眼瞎,將暗示你所信任的人會欺騙你。

### 🔍 夢的解析

眼睛瞎了,看不見了,就有人會欺騙你,這包括你所信任的人在內。

夢見

# 開刀

**夢兆**

　　這個夢對外科醫生來說是無意義的，但是如果你不是外科醫生而夢見自己主刀，那麼，你可能遇到一些法律上的糾紛，你應把資料整理清楚。

**夢的解析**

　　開刀意味著遇上了麻煩，而解決麻煩或糾紛最好的辦法是打官司，所以要把資料整理好，準備打官司。

夢見

# 服藥

## 夢兆

　　自己服藥表明你的麻煩事實上是無關緊要的。如果你給其他人服西藥，你得準備在成功之前付出艱苦的努力。

## 夢的解析

　　吃了藥，病就好了，病就是麻煩的東西，所以可說無關緊要。給他人服藥，需要努力工作，所以可以說在成功之前需付出艱苦的努力。

夢見

# 醫院

## 夢兆

（1）夢見自己被送進醫院或住院，是告訴
　　 你，你可能被某個你試圖獨自負擔的
　　 重負所壓倒，你應當尋求幫助。

（2）參觀一所醫院或在醫院供職，是吃驚
　　 的消息將要來到的象徵。

## 夢的解析

　　經不起重負而生病住院，所以應尋求幫
助。在醫院裡耳聞目睹的都是吃驚的消息：急
救、死人等。

# 停屍間

## 夢兆

（1）夢見停屍間預示著困難或艱鉅。

（2）夢見你自己的屍體在停屍間，警告你最好關心你的身體，做全身檢查證明是有益的。

## 夢的解析

　　停屍間是不好的地方，所以可以預示困難或艱鉅。因為身體有病，才會想到死，想到屍體，想到停屍間，所以做全身檢查是有益的。

夢見

# 喪親

## 夢兆

將有出生、訂婚、結婚的消息傳來。

## 夢的解析

這是用反說法來解釋的。

夢見

# 殘疾人

⭐ 夢兆

（1）夢見殘疾人，預示可能親戚或同事有
求於你。宜予以幫助，猶如雪中送炭。

（2）夢見你自己成了殘疾人，宜接受任何
幫助。

🔍 夢的解析

對殘疾人應該幫助。

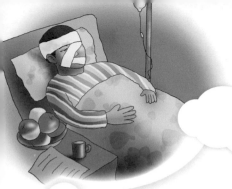

夢見

# 病人

（1）自己成了病人，說明成功將延遲到來。
（2）別人是病人，你可以指望從一位朋友
　　　或親戚那裡得到幫助。

夢的解析

　　病人不能辦成功事情，所以可以預示成功
將遲到來。夢見別人是病人，而病人是可以得
到朋友或親戚幫助的。

# 靈車

## 夢兆

(1) 如果僅僅夢見靈車，表明你的負擔減輕。

(2) 如夢見自己乘坐或駕駛靈車，說明責任增大。

(3) 夢見自己在靈車內，則很快有一個變化將影響你的未來。

## 夢的解析

(1) 靈車是送死者去火化安葬的，人死安葬了，活著的人負擔也就減輕了。

(2) 護送或駕駛靈車，責任重大，所以可說責任增大。

(3) 自己在靈車內，說明自己死了，死而能復生，這就是新生，所以這種變化會影響你的未來。

夢見

# 埋葬

## 夢兆

（1）夢見埋葬，毫無疑問，你將得到某人
　　結婚的消息，或應邀參加婚禮，或聽
　　到某人生孩子。

（2）如果夢見活埋，切忌做任何不道德的
　　事情。

## 夢的解析

　　埋葬的反面是好事，所以可以象徵結婚、
參加婚禮、生孩子，活埋是不道德的、兇殘的
行為，所以不能做任何不道德的事情。

夢見

# 淋浴

## ⭐ 夢兆

一個好夢，過去的勞動也許已被你忘卻，
但對它的報酬卻突然意外地來臨。

## 🔍 夢的解析

把全身洗得乾乾淨淨，所以有好事來臨，
如報酬。

夢見

# 燙傷

## 夢兆

提醒你不要在高興之餘忘乎所以，相隨而來的將是一系列小麻煩。

## 夢的解析

燙傷以後是有小麻煩的。

夢見

# 生日

## ⭐ 夢兆

夢見自己或別人過生日，或夢見生日禮物，皆有好消息。

## 🔍 夢的解析

因為過生日和生日禮物都是高興的事，都是好消息。別人也來祝賀，所以有好消息。

夢見

老師

⭐ 夢兆

　　若你在夢中見到從前的老師，這個夢就是在對你說你必須嚴格控制意願，做事要仔細謹慎，不能魯莽。

🔍 夢的解析

　　老師在從前曾體罰過你，這一不愉快的記憶留在你的潛意識裡，現在顯現了出來，所以說，預示你將發生不愉快的事。

夢見
# 被炒魷魚

## ⭐ 夢兆

（1）夢到自己被炒魷魚，切忌怠忽職守。

（2）若是夢見別人被炒魷魚，則應重新考慮你正打算要斷絕個人關係，如果不得不這樣，考慮一下先別理他（她），否則你會後悔的。

## 🔍 夢的解析

（1）被炒魷魚可能是因為怠忽職守，所以說切忌怠忽職守。

（2）被炒魷魚就是斷絕，而且是毫不猶豫的。和別人的關係也是這樣的，某些關係的斷絕，也應該像開除一樣毫不留情，免得以後後悔。

夢見

# 離婚

 **夢兆**

（1）對於已婚者，你的配偶忠誠可靠。

（2）對於單身者，你可能會濫用感情。

**夢的解析**

（1）用反說法解釋。

（2）離婚者一般是感情不專一，所以說可
　　　能會濫用感情。

夢見

## 出生

### ☆ 夢兆

（1）夢見生孩子即有喜訊。

（2）如果夢見動物生崽，意味你將擊敗任
　　　何侵犯你利益的人。

### 🔍 夢的解析

　　生孩子是喜事，所以意味著有喜訊傳來。
動物生崽，為了保護幼崽，必須擊敗任何的侵
犯者。

夢見

## 出差

 夢兆

　　出差預示薪水的增加，但夢中的出差若是自費的話，則預示著得到出乎意料的禮物或難以想像的滿足。

### 夢的解析

　　出差是為了發展業務，業務發展了，收入（薪水）就會提高。自費出差，一般是尋親訪友，所以會有意外的禮物給你，或使你感到十分滿足。

夢見

# 打賭

## 夢兆

（1）自己與人打賭，你的觀點可能會發生
變化。

（2）看到別人在打賭，預示你將會有不幸
的事發生。

## 夢的解析

賭輸了，當然看法會改變。有的打賭很殘
酷，所以可以說有不幸的事將要發生。

夢見

# 失蹤

## ⭐ 夢兆

　　夢見自己或別人或其他物體像變戲法般地失蹤，你將面臨一大堆問題，但你並不為之難倒。

## 🔍 夢的解析

　　東西不見了，失蹤了，找不到了，當然會帶來一大堆問題，但失蹤的東西終究會找到的，所以最終不會把你難倒。

夢見

# 討債

## 夢兆

夢見別人向你討債，你的收入將增加。

## 夢的解析

討債是壞事，但從反面來說，卻表示收入增加。

夢見

# 畢業

夢裡無論你是參加者還是旁觀者，出席畢業典禮都預示生意興隆或社會地位上升。

夢的解析

畢業是好事，所以可預示將來做生意興隆或將來社會地位上升。

夢見

# 私奔

## ⭐ 夢兆

其含意恰恰相反。夢見你私奔，則有戀情上的失意或斷絕，夢見別人私奔，這戀愛不是令你厭惡就是叫你失望。

## 🔍 夢的解析

私奔是恩愛的表現，但反過來就是戀情上的失意或斷絕。見別人私奔，總是令人感到厭惡和失望。

夢見

## 懷孕

### 夢兆

　　對婦女來說，它意味著財富的增加；但對男性來說，則是警告他男女關係上的越軌行為。

### 夢的解析

　　對婦女來說，孩子就是財富。對男性來說，未婚就懷孕就是越軌行為。

夢見

# 敲門

聽見敲門聲或去敲門，這表明財運亨通。

夢的解析

敲門是有人來告訴你發財的好消息。

夢見

# 亂倫

## 夢兆

亂倫的夢是警告你，不要採取丟人的行動，不管壓力有多大，建議有多誘人，你都應予以抵制。否則你會後悔莫及的。

## 夢的解析

亂倫就是丟人的行動，應加以抵制。

夢見

競選

夢見自己參加競選，預言你目前的短期計
畫能迅速成功。

夢的解析

既能參加競選，就有可能獲得成功。因為
競選是短期行為，所以說是短期計畫。

夢見

# 遊行集會

## 夢兆

（1）如果你夢見自己走在遊行隊伍的最前列，常常預示著你會在公共事務中得到承認。

（2）如果你是走在遊行隊伍中，則常常表示你在煩惱。

（3）你若在旁邊觀看遊行隊伍，則常常是加薪水的預兆。

## 夢的解析

（1）走在最前列，大家承認你是帶頭人。

（2）你因為不想在這遊行隊伍中而煩惱。

（3）示威遊行是為了增加薪水。

夢見

# 划船

★ **夢兆**

　　做這個夢後，你要更堅信自己走的路是正確的，大膽地走下去吧！

🔍 **夢的解析**

　　在湖中划船，條條水道都可以達到目的，所以說你走的路是正確的。

夢見

# 乘飛機旅行

## 夢兆

你將有從遠方來的消息。

## 夢的解析

飛機是飛到遠處去的,所以有可能從遠方傳來消息。

# 亂穿越馬路

## ★ 夢兆

（1）夢到他人闖紅燈，是警告你，你可能因正在計畫中的愚蠢行動被發現而感到丟臉，你最好忘掉它。

（2）如果你自己橫越馬路，你將遇到法律上的麻煩。

## 夢的解析

別人闖紅燈是不好的，是愚蠢行為，而愚蠢行為會使人感到丟臉。但也不要耿耿於懷，最好把它忘掉。若你自己橫越馬路，如果出了車禍，就會遇到法律上的麻煩。

夢見

## 誤點

### ⭐ 夢兆

如果是火車或飛機誤點,則錢財上將出現問題。

### 🔍 夢的解析

誤點是不守信用,不守信用就不能做成生意,所以錢財上將出現問題。

夢見

# 相撞

## ⭐ 夢兆

　　夢見汽車或輪船相撞，宜果斷做出決定。若不相信自己的判斷，應請教朋友或專家，切勿遲疑。

## 🔍 夢的解析

　　汽車或輪船相撞，這是在事前沒有做出避免相撞的決定，所以此夢預示宜果斷做出決定。若自己無能力，可請教他人。

夢見

信

　　夢的含意取決於信的內容：收到好消息，
前程似錦。信中充滿憂愁，預示著即將來臨的
拼搏。不重要的或日常的信，表示失望。寫情
書，象徵著對一段愚蠢的戀愛的後悔莫及。毀
壞一封未拆開的信，顯示需要修正過去的不公
正。讀一封寄給別人的信，預言財物遺失。一
封連鎖信，預示不久有一段不尋常的經歷。一
束情書，是告誡你能夠從問心無愧中獲益。把
信件歸檔或在卷宗中尋找信，預示著環境的改
善。一封信由送信人而不是透過郵局送到你手
中，顯示在小事上不和。用彩色墨水寫成的信

顯示家庭糾紛。夢見藏信或找到藏著的信，是警告你，謹防不忠實的朋友（包括你的愛戀之人）。

## 夢的解析

好消息當然對前途有好處。不拼搏不能解除憂愁。對對方充滿希望，但只來了一封不重要的信，所以表示失望。寫情書應戀愛成功，但反過來卻是後悔莫及。信都未拆卻把它毀壞了，說明此信需要重新寫才對。有財物遺失才寫信告訴別人。連鎖信因涉及的人太多，所以可能會有不尋常的糾紛或經歷。情書就應該問心無愧，這樣才能獲益。要調動工作或提升，才在檔案中找那封重要的信。有了點小矛盾，而請人送信。家庭有糾紛才用紅筆（彩色墨水寫信）。不忠實的朋友才會藏信。

夢見

# 海報

⭐ 夢兆

　　你夢見任何一種海報都預示著你會得到一些驚人的消息。

🔍 夢的解析

　　海報就是給人驚人消息的。

夢見

# 秤體重

## 夢兆

　　吉，身輕諸事宜，有吉無凶。體重名重，為人所重，是大吉兆。

## 夢的解析

　　身輕各方面都方便，如行走、乘車、穿衣等。體重重實，重名譽，所以為人所重，大吉兆。

夢見

# 與人比大小高矮

## 夢兆

大吉、小凶、高吉、矮凶。

## 夢的解析

比別人大，比別人高，一切比別人有優勢，當然是好（吉）。反之，比別人小，比人矮，一切不如人家，當然不好（凶）。

夢見

## 牙齒

⭐ 夢兆

（1）夢裡出現假牙，顯示困境中你會得到
　　　意想不到的幫助。

（2）掉牙顯示你的某種重要關係正在惡化。

（3）牙痛的夢顯示會有家庭爭端。

（4）補牙的夢會給你帶來好消息。

（5）拔牙的夢預示著商業上的轉機或投資
　　　機會的來臨。

（6）牙齒鬆動的夢警告你信任了一位不值
　　　得信任的朋友。

（7）蛀牙的夢表示你的健康出了問題，請
　　　你去看一看醫生。

（8）夢中看到整齊潔白的牙齒，是好的喻
　　　示。

（9）夢見刷牙顯示阻止你前進的障礙即將
　　消除。

夢的解析

（1）假牙的功能代表真牙，缺牙是困境，
　　現在假牙能代替，所以說假牙能使你
　　得到意想不到的幫助。這裡用的是「分
　　析法」。
（2）牙齒與牙齒之間的關係十分重要，是
　　互相依靠的關係，現在牙掉了，這種
　　重要的關係正在惡化。
（3）牙痛有時是由於生活不愉快，引起火
　　氣大，就發生了牙痛，所以說夢見牙
　　痛顯示家庭有爭端。
（4）把牙補好了，牙與牙之間的關係修復
　　了，這當然是好消息。
（5）把不好的牙拔掉了，對病人來說可能
　　會帶來轉機或機會。
（6）朋友之間的友誼是牢不可破的、堅如
　　磐石的，現在鬆動了，所以這位朋友
　　是不值得信任的。

（7）蛀牙象徵身體某一方面有病，所以要去看一看醫生。

（8）整齊的牙齒是美好的象徵，可以說是「好的喻示」。

（9）把髒的東西刷掉了，所以比喻障礙的消除。

夢見

頭髮

（1）頭髮濃密，其外觀和狀況使你滿意，
　　顯示健康和滿足。

（2）頭髮稀疏、脫落或有其他不佳症狀，
　　預示將遇到困難。

（3）梳自己的頭，意味著擺脫一個長期折
　　磨人的困境。梳別人的頭，顯示需要
　　朋友的幫助。

（4）為異性梳頭，預言你目前在異性問題
　　上將有一個快樂的結局。

（5）自己理髮或讓別人幫你理髮，表明一
　　次新的冒險將獲得成功。幫別人理髮，
　　是警告你要當心周圍人的嫉妒。

（6）給自己梳辮子，預示將有新朋友；但

幫別人梳辮子，卻是一個令人不快的爭論的預兆。

（7）夢見染髮，顯示你的虛榮心正在上升。

## 夢的解析

（1）頭髮濃密，表示健康外觀和狀況很滿意，所以顯示健康和滿足。

（2）頭髮稀疏、脫落是身體不健康的表示，而身體不健康，那遇到的困難就很多，所以預示將遇到困難。

（3）梳自己的頭，是把胡亂的頭髮理順，所以，這和擺脫一個困境是一樣的。

（4）能給異性梳頭，表示關係不錯，所以能有一個快樂的結局。

（5）理髮是面目一新，所以象徵一次冒險的成功。

（6）梳辮子是重新安排、重新調整，所以，將有新朋友。而幫別人梳辮子，不一定會使別人滿意，所以是發生爭論的預兆。

（7）染髮是一種打扮，當然是一種虛榮。

夢見

# 眉毛

## 夢兆

（1）濃密的眉毛，意味名利雙收。

（2）彎彎的眉毛，預示使人驚奇的事物。

（3）淡薄的眉毛，預報愛情上的失意。

（4）如果你在夢中擔心你的眉毛，或者夢
　　　見你的眉毛脫落，提醒你可能被愛情
　　　欺騙。

（5）如果你在夢裡對自己的眉毛感到滿意，
　　　顯示你不久將有小而重要的收穫。

## 夢的解析

（1）濃密的眉毛，威嚴、有氣魄，容易獲
　　　得人信任，所以說可能名利雙收。

（2）有彎彎眉毛的人，重感情。重感情的

人失去理智的控制，任何令人驚奇的
事都做得出來。

（3）有淡薄眉毛的人，對人熱情不夠，所
以預示愛情上的失意。

（4）在夢裡擔心自己的眉毛不好看，或擔
心眉毛脫落，這就是認為自己不漂亮
的反映。自己認為不漂亮，其實無關
大局，並不影響談戀愛。可是對方卻
計較這些，計較外表的美，所以使你
夢裡都擔心。因為對方只重外表，不
重人品，所以你有可能在愛情上被欺
騙。

（5）有好的結果。

## ⭐ 夢兆

（1）腳癢預示旅行。

（2）洗澡表示解脫。

（3）陌生的腳表示結交新朋友。

（4）穿著襪子的腳預報一件不可思議的事
情。

（5）赤腳暗示豔遇。

（6）特別大的腳，說明身體健康。

（7）特別小的腳，預防庸人自擾。

（8）腳上有水泡或潰瘍，預示安樂。

（9）醫生治腳，預示好轉。

## 夢的解析

（1）腳癢癢地想要出去玩，所以預示旅行。

（2）洗澡洗去了髒東西，十分輕鬆，所以表示解脫。

（3）陌生的腳表示是新的人，亦即新的朋友，所以說表示結交新朋友。

（4）穿著襪子看不清腳的真相，所以預示一件不可思議的事情。

（5）不是十分親密的關係不會見到女性的赤腳，所以說將有豔遇。

（6）大腳，人壯實，所以預示健康。

（7）有人有了一雙特別小的腳，十分不安，其實小腳一樣發揮它的作用。為它擔心，確實是庸人自擾。

（8）腳上有毛病，不能走動，只好休息。

夢見

# 性器官

## ⭐ 夢兆

　　這種夢非常明瞭地反映了你對性生活的態度和感覺。夢到自己或他人的性器官健康正常，是愛情生活滿意的象徵。有病的性器官說明你性生活過度或不檢點。暴露性器官顯示你處於性飢渴的邊緣，醫生的忠告對你會有幫助。生殖器疼痛說明你應當找醫生看病。

## 🔍 夢的解析

　　性器官健康正常，當然能使愛情生活滿意。有病的性器官是由於性生活過度或不檢點。暴露性器官是一種病，它和性器官疼痛一樣，需要去醫院治療。

夢見

血

（1）夢裡見血，一段時期裡需與敵對勢力做艱苦的較量。

（2）如果你在流血，應避免與朋友或親戚發生任何爭吵。

（3）如果輸血，你所遇到的困難將是暫時的。

夢的解析

有爭鬥才會出血，所以說要與敵對的勢力做艱苦的較量。如自己在流血，心情不好，所以應避免爭吵。如輸血則是暫時的。

夢見

# 赤身裸體

## ⭐ 夢兆

（1）如果是你本人，預示著財運或條件的
改善。

（2）夢見他人赤身裸體，暗示你會坦率地
揭露與你密切相關的人的欺騙行為。

## 🔍 夢的解析

赤身裸體什麼也沒有，反過來解釋就是什
麼都有，所以預示財運或條件的改善。赤身裸
體，也表示毫無保留，表示清白，所以暗示你
會揭露他人的欺騙行為。

夢見

# 禿頭

⭐ 夢兆

（1）夢見別人禿頭，需提防向來被你信任
　　 的人的欺騙。
（2）夢見自己禿頭，則預示你健康上有問
　　 題，應做檢查。

🔍 夢的解析

　　在一般人的心目中，禿頭的人聰明，能言
善辯，但也會騙人，所以說要提防。掉髮造成
的禿頭是一種病，所以說你健康上有問題。

# 考試

## ⭐ 夢兆

（1）在夢裡，如果你不及格，則說明你好
高騖遠，改變目標將對你有利。

（2）如果你及格了，則說明你目前沒有什
麼大問題，你的希望將能夠實現。

## 🔍 夢的解析

　　不及格是因為沒有踏實習，好高騖遠，及
格了當然沒什麼大問題了。

# 電影

## 夢兆

（1）如果夢見你喜歡看的電影，則預示著你的前景令人愉快。

（2）如不喜歡、失望、討厭，警告你要防止別人對你的欺騙。

## 夢的解析

你喜歡看的電影，你當然心情愉快，你不喜歡看的電影而你去看了，好像是有人在騙你一樣，所以你要防止別人對你的欺騙。

夢見

# 幻境（仙境）

## 夢兆

如果夢裡出現幻境或仙境，預示你目前的
事務將出現新氣象。

## 夢的解析

幻境、仙境裡出現的都是新奇的東西，所
以預示你目前的工作出現新的氣象，有新的起
色。

夢見

# 地獄

夢兆

（1）夢見地獄，預示收入或物質財富的增
　　加，社會聲望下降了。

（2）從地獄中回來，顯示你將面臨一個極
　　大的誘惑，誘惑你去做的事正是與你
　　的原則背道而馳。

夢的解析

　　有錢的壞傢伙下地獄，這就是說「收入或
物質財富的增加，社會聲望下降」。從地獄中
回來，脫離了苦海，不想再做壞事了。

夢見

# 寺院

⭐ **夢兆**

（1）如果你白天清清楚楚地看見這種建築，
　　你將擺脫憂慮而寧靜。
（2）如在夜間看見或昏暗不明，則有暫時
　　的不利。

🔍 **夢的解析**

　　寺院應是無憂無慮、幽靜的。夜間看不
清，只是暫時的，第二天就好了，所以說會有
暫時的不利。

夢見

# 妖怪

⭐ 夢兆

　　如果夢中有妖怪出沒，說明你在期待或沉迷於某一危險的惡習或情慾。

🔍 夢的解析

　　妖怪是害人的東西，所以說明你在期待或沉迷做某一有害的事物之中。

夢見

# 神仙

⭐ **夢兆**

　　夢見與鬼神有牽連的事，預示對你大有裨益。

🔍 **夢的解析**

　　神仙能給人好處。

夢見

# 偶像

⭐ **夢兆**

任何有關偶像的夢，都預示你打算提示一個秘密或挖掘隱藏在複雜情形後的原因。

🔍 **夢的解析**

偶像是給人盲目崇拜的，但人人都希望知道偶像之所以成為偶像的秘密和原因。

夢見

# 夢中夢

### 夢兆

夢中夢，表示你最大的希望難以實現。

### 夢的解析

夢中夢，希望渺茫，所以希望難以實現。

## ⭐ 夢兆

（1）夢裡聽說或目擊犯罪，預示環境的改
　　善，自己犯罪則是成功的象徵。

（2）如果暗殺或行刺，你將得到驚人的消
　　息。

（3）如果你被當場捕獲，切忌言語不慎、
　　脾氣暴躁。

## 🔍 夢的解析

　　犯罪是不好的，但反過來說，卻可預示改
善、成功。暗殺或行刺當然是驚人的消息。當
場捕獲，當然不能隨便亂說或暴躁反抗。

夢見

# 槍

　　不管是看到槍，還是聽到槍聲，或射擊，以及任何與槍有關的事，都顯示你或者你的一位朋友遭受到不公正的對待，為此，你不得不頑強抗爭才能解決。夢見給槍上子彈，是鄭重警告你不要發火。

## 夢的解析

　　為什麼你或你的朋友會遭到不公正的待遇，這是因為有人用槍在逼迫你。如何改變這種局面，必須要頑強抗爭才能改變。給槍上了子彈，警告你不要發火，不然會出人命的。

夢見

# 風箏

（1）無論是你自己放風箏，還是觀看別人放風箏，如果風箏飛得輕巧，你可以期望達到你最高的目標。

（2）如果線斷了，或者風箏壞了，或者風箏被吹跑了，你應該準備承受由於不謹慎而導致的失意。

夢的解析

　　放風箏的目的是想飛得高，超越別人，現在飛得很遠、很高，所以說可以達到你的目標。線斷了，風箏壞了，吹跑了，當然只能失意，只能不高興了。

夢見

## 爬山

（1）如爬到山頂，則喻示成功。

（2）如夢見從山上跌下來，則目前的困難
　　　不能克服。

夢的解析

　　能爬到山頂，就是達到了目的，所以預示
成功。從山上跌下來是不能行走了，所以困難
克服不了。

夢見

# 足球

## ⭐ 夢兆

（1）夢裡踢足球，預言你將得到外財，可
　　　能是獎金、紅利，甚至是饋贈物品。
（2）夢裡觀看別人踢足球，則宜謹慎擇友。

## 🔍 夢的解析

　　踢足球是競爭，贏了可以有獎勵，所以說
有外財。踢足球有各式各樣的人，有技巧好的
和壞的，這就象徵著擇友要小心。

夢見

# 玩具

## ⭐ 夢兆

做此夢顯示周圍的環境將有一個令人欣喜的改善。假如你夢中的玩具被毀壞，顯示你企圖以幼稚的方式為人處世，這會大大妨礙你的交往。

## 🔍 夢的解析

有時間玩玩具，說明環境很好。玩具被毀壞，與人玩不起來了，這對交往不利。

夢見

# 迷宮

### ☺ 夢兆

　　如果你找到出去的路，沒有為此大傷腦筋，你能夠比較輕鬆地解決你現有的問題。反之，如果你迷了路，或者在夢中你驚恐萬分，你可能被那些令人頭痛的否定意見擊敗。建議改變你的方向。

### 🔍 夢的解析

　　能找到出路，又不傷腦筋，所以能輕鬆地解決問題。反之，就會找不到解決問題的方法，只能服從他人意見。

夢見

# 賽跑

⭐ **夢兆**

（1）夢見賽跑的畫面中你希望的那個人贏
　　了，這顯示你所關注的某件事必能成
　　功。

（2）如果夢中你自己參加了賽跑，無論勝
　　負，都預示著你將在現實中接受新的
　　考驗。

🔍 **夢的解析**

（1）贏了就是成功。

（2）參加賽跑就是考驗。

夢見

# 遊戲

## 夢兆

在夢裡，如果你對所玩的遊戲感到很愉快，則你能夠一帆風順；如果感到很累或生氣，則有一連串的小苦惱。

## 夢的解析

心情愉快當然表示順利。心情不愉快，很累、很生氣，當然有小苦惱。

夢見

# 公園

## 夢兆

美麗的公園常常是愛情幸福的象徵，如果公園凌亂不堪則預示著你正處於再調整的寂寞時光。

## 夢的解析

公園常常是談情說愛的地方，所以表示愛情幸福的象徵。凌亂不堪，無法談情說愛，所以說你正處在寂寞時光。

Part **4**

喜怒哀樂之夢

夢見

# 喊叫

## ⭐ 夢兆

（1）夢見自己大喊大叫，災禍降臨。
（2）女人夢見自己喊叫，丈夫或孩子要生病。
（3）商人夢見喊叫，生意會大虧損，甚至破產。

## 🔍 夢的解析

（1）由於災禍，才吃驚得大喊大叫。
（2）丈夫或孩子生病，才害怕得喊叫。
（3）因為大虧損，所以才急得跳腳，才喊叫。

夢見

# 失望

### 😊 夢兆

（1）夢見自己心灰意冷，生活會幸福。

（2）未婚男女夢見情緒低落，不久要結婚。

（3）商人夢見灰心喪氣，不久能發財。

（4）囚犯夢見自己破罐破摔，會被釋放。

（5）學生夢見萬念俱灰，能通過考試。

（6）病人夢見意志消沉，會臥床不起。

（7）妻子夢見垂頭喪氣，家裡會吵架。

### 🔍 夢的解析

（1）～（5）都是從反面來解釋的。

（6）意志消沉，病不見好，所以會臥床不起。

（7）妻子心情不好，垂頭喪氣，稍不如意就吵架。

夢見

# 歡呼

（1）夢見自己在歡呼，你將會因一時衝動
　　而後悔不已。
（2）夢裡聽到別人在歡呼，謹防鋪張浪費。

## 夢的解析

（1）夢見自己歡呼，這可能是一時衝動，
　　所以要注意節制，以免造成後悔。
（2）聽到別人歡呼，更要注意辨別真假，
　　要注意實事求是，要反對誇大其詞。

夢見

## 懺悔

### 夢兆

（1）夢見聽別人懺悔，應當心上當受騙而出賣機密。

（2）夢見自己在懺悔，預示環境的改善。

### 夢的解析

（1）別人的懺悔可能是假的，所以要當心上當受騙出賣機密。

（2）自己的懺悔真實可靠，要為改變所懺悔的事情而努力，而環境可能是其中之一。

夢見

# 成功

## ⭐ 夢兆

　　成功出現在夢中，將預示近期裡你的努力
與計畫會兌現。但這只是短期的預示，切不可
長久地掉以輕心。

## 🔍 夢的解析

　　由於努力，所以成功會出現在夢中。之所
以是短期的，因為這畢竟是在夢中，而夢只能
是瞬息的，短期的。

夢見

# 不服從

## ⭐ 夢兆

出現這種夢境，預示你在生活中將很難做出決定。在一些重大問題面前，先聽聽人家的意見，人家的經驗之談，然後再說。

## 🔍 夢的解析

應該服從，可是在夢中你卻不服從，說明你還在猶豫不決，在夢中都想這件事。所以可以預示你在生活中碰到難事，很難做出決定。

夢見

# 歷險

## ⭐ 夢兆

歷險時很愉快，那你會遇到高興的事。如果不愉快，就會遇見不高興的事。如果夢中歷險使你產生犯罪感，你可要千萬當心！

## 🔍 夢的解析

因為你白天有愉快的事，才會在夢中反映出高興的事。不愉快也是這樣。如果在夢中見意外之財就想佔為己有，這可以告訴你在白天不能這樣，否則是危險的。

夢見

# 不幸

夢兆

（1）如你能從不幸中挺過來，是一種好的
象徵。

（2）如果夢見愛情上的不幸，則生活中切
忌無聊的閒言碎語。

夢的解析

（1）能從不幸中度過來，當然是一種好的
象徵。

（2）有些愛情的破裂，主要是有人搬弄是
非，而這些人之所以能搬弄是非，而
在於夢者本身的閒言碎語，所以切記
要改掉這一缺點。

夢見

## 巴結

（1）夢中很稀有的出現你平時很尊重的人
反過來尊重甚至巴結你。果真有些事
在你夢中出現，說明你是一個眼高手
低的只耍嘴皮子的人。

（2）闊別多年的老朋友在夢中討好你，說
明你很有前途，你的生活將會過得不
那麼輕鬆。

（3）如果你在夢中討好別人，巴結別人，
那你可能是想得不少、獲得不多的那
種人。

### 夢的解析

（1）本來是你尊重的人倒過來巴結你，這

是不可能的。實際是你想巴結他。而巴結就要耍嘴皮子，所以說你可能是一個耍嘴皮子的人。

（2）你朋友在夢中討好你，說你很有前途，這只是在夢中，所以說在實際生活中你過得並不輕鬆。

（3）在夢中討好人、巴結人，想得到別人的好處，但由於在夢中，所以只是想得多、獲得並不多的人。

夢見

# 勸告

★ 夢兆

（1）如夢見自己勸告別人，應避免與朋友
爭吵，以防絕交。

（2）如夢見自己接受別人的勸告，你將結
交新的朋友，而他們對你將會非常有
益。

夢的解析

（1）勸告應心平氣和，不能急躁，不能爭
吵，這樣才能說服別人。如在勸告中
和人爭吵，那麼就有可能朋友和你絕
交。

（2）自己能接受別人的意見，那就可能會
結交新朋友。因為你比較虛心。

夢見

# 打架

## ⭐ 夢兆

（1）夢見打朋友或心愛的人，或被朋友或
　　　心愛的人打，是家庭處境良好的象徵。
（2）打不認識的人，或被不認識的人打，
　　　則宜迅速解決家庭矛盾。

## 🔍 夢的解析

　　打架是壞事，如用反說法解就是好事，所
以象徵家庭處境良好。不認識的人和家庭有糾
葛，所以發生衝突，解決的辦法就是解決自身
家庭的矛盾。因為外部的矛盾是由於內部的矛
盾引起的。

夢見

# 爭吵

## ⭐ 夢兆

（1）表明你和別人將達成完好的協定。

（2）如果你夢見在和陌生人吵架，意味著
你很快要搬家。

## 🔍 夢的解析

（1）用反說法解釋。

（2）夢見和陌生人吵架，已經沒共同語言，
無法相處下去，而這陌生人也包括反
目成仇的鄰居在內的。所以可以意味
著你很快要搬家。

夢見

# 遲到

⭐ **夢兆**

（1）如夢見你遲到了，這是告訴你不要空
許你無法實現的諾言。

（2）如夢見其他人遲到，要避免財政上的
困難。

🔍 **夢的解析**

（1）遲到是不守信用，所以可象徵空許無
法實現的諾言。

（2）他人遲到，也是不守信用，由於不守
信用會給你帶來財物上的損失。

夢見

# 恭維

不管是你恭維別人，還是別人恭維你，千萬當心不誠摯的夥伴。

夢的解析

恭維就是不誠摯，恭維的人就是不誠摯的人。

# 自殺

## ⭐ 夢兆

（1）夢見自殺，預示身體健康。

（2）夢見別人自殺，會憂慮重重。

（3）夢見妻子自殺，家庭幸福。

（4）夢見丈夫自殺，會與丈夫長期分離。

（5）夢見朋友自殺，困難時期會得不到朋
　　　友的幫助。

（6）夢見仇人自殺，仇人的勢力在增長。

（7）病人夢見自殺，身體會很快健康。

## 🔍 夢的解析

（1）（3）（7）反面解釋。

（2）別人自殺，心裡難受，所以會憂慮重
　　　重。

（4）丈夫死了，所以會和丈夫長期分離。

（5）朋友死了，得不到朋友的幫助了。

（6）仇人自殺但是沒有死，勢力反而增大
了。

夢見

# 死亡

 **夢兆**

（1）夢見自己死了，你將從一切煩惱中解
　　脫出來，或大病痊癒。

（2）夢見自己跟死去的人說話，你將得到
　　特好消息。

（3）夢到有人死去，你將得到有人出生的
　　消息。

**夢的解析**

　　此三夢都用反說法來解釋。

夢見

# 死裡逃生

## ⭐ 夢兆

（1）從監獄或類似的囚禁中逃亡，你的生活將有一個大進步。

（2）從火或水中脫險，你經過一個時期的不安之後可獲成功。

（3）從辨不清的危險或威脅中逃脫，你將在社交場上或情場上春風得意。

（4）如果你在夢裡逃脫不了，則必須準備過一段令人沮喪的時期。

（5）如果你試著逃了，但又被捕獲，那麼你將因為思考不慎而自討苦吃。

## 🔍 夢的解析

（1）（2）（3）都用直解法解釋，因為「逃

亡」、「脫險」、「逃脫」後就可以
　　預示「進步」、「成功」、「得意」。
（4）既然逃不了，那麼日子當然不好過，
　　必然有一個令人沮喪的時期。
（5）一會兒逃了，一會兒又被捕了，這當
　　然會自討苦吃。而這是沒有認真思考
　　的結果，所以說思考不慎而自討苦吃。

夢見

# 殺害

（1）如果你夢見殺害某人，不管是有預謀
　　的還是偶然的，都象徵著你正承受著
　　幾種感情的壓力，在這種壓力下，你
　　必須做出很大努力控制你的情緒。

（2）如果夢見你是一個殺害場面的目擊者，
　　則表示一個你不太喜歡的變化。

（3）如果夢中看見其他人殺害昆蟲或動物，
　　表示你將得到朋友般的幫助。

（4）如果你自己殺害昆蟲或動物，則表示
　　你透過自己的努力克服了某種障礙。

## 夢的解析

　　夢見殺害某人，這是仇恨某人的表示。

夢見

# 事故

## ⭐ 夢兆

（1）如你夢見一次事故，你最好要好幾星
　　　期都避免不必要的旅行。

（2）夢見撞車，最好這天步行一天，過馬
　　　路可得當心。

（3）夢見事故裡所見的東西，如飛機、火
　　　車、馬、刀、火、電、高處等等，夢
　　　後二十四小時內最好能避開，若實在
　　　躲避不開，則要格外當心。

## 🔍 夢的解析

　　　夢見事故的以上三類夢，都是叫人要小心
謹慎，注意安全。

夢見

# 榮譽

無論你是受到尊敬，還是受到他人的賞
識，其含意都是相反的。

夢的解析

「其含意都是相反的」是說受到尊敬就是
不尊敬，受到賞識就是不被賞識。

## 夢見

# 情人

### ⭐ 夢兆

（1）如你在夢中遇到一個情人，它預示著
　　　你由於過於浪漫而導致麻煩。

（2）若你在夢中身為一個情人，則預示你
　　　將在某一方面敞開心扉。

### 🔍 夢的解析

（1）有情人會導致麻煩。

（2）自己為情人，將有一個方面能得到滿
　　　足，所以在某一方面很開心。

夢見

# 悲痛

⭐ 夢兆

在夢中不管是你自己或別人,越痛苦,你將越快樂。

🔍 夢的解析

用反說法解釋。

# 躲藏

## 夢兆

（1）夢見自己躲藏起來，表明你正打算採取一個你明知要後悔的行動。別輕舉妄動。

（2）夢見藏東西，表明你在一個問題上吞吞吐吐。你可以聽取忠實朋友的意見。

## 夢的解析

（1）做了見不得人的事才躲藏起來。

（2）藏了東西，又不敢講，所以說話才吞吞吐吐。

夢見

# 跌倒

　　跌倒是夢中常可能出現的動作。它是最基本的生活擔憂在夢裡反映，因此也就預示了各式各樣的生活挫折，其象徵意義大致如下：

（1）夢到自己從一個很高的地方跌落下來，意味著你將遭受重大挫折。

（2）如果安全著地，那麼挫折只是暫時的。

（3）如果受了傷，則有一個時期的艱難困苦。

（4）從一個不太高的地方跌落下來，意味著威信的損失。

（5）從站的或坐的地方跌倒在地上，則應當心虛情假義之人。

（6）如果跌倒的是別人，預言你將戰勝敵
人。

（7）如果你跌下來但又爬上去，說明你能
克服生活道路上的障礙。

## 夢的解析

（1）爬得高摔得重。

（2）安全著地，平安無事，有挫折也是暫
時的。

（3）受傷當然困苦。

（4）不太高的地方跌下，跌得並不重，只
是威信有些影響。

（5）從站的或坐的地方跌下來，是虛假的，
所以要當心虛情假義的人。

（6）別人跌倒就是他失敗，所以能預言你
能戰勝對方。

（7）跌下來又爬上去，問題不大。

夢見

# 道歉

## ⭐ 夢兆

　　無論你向別人道歉，還是別人向你道歉，
你可能都會失去一個朋友後又得到一個朋友，
也許失去的朋友又回來了。

## 🔍 夢的解析

　　向人道歉，求得朋友諒解，所以你會得到
新朋友，或失去的朋友會再回來。

夢見

# 自己肥胖

## ⭐ 夢兆

貧人夢肥，財來致富。富人夢此，富族富家財長旺。少年夢此大吉。病者夢此無藥可治。

## 🔍 夢的解析

貧者能長肥，說明並不貧窮。富者肥上加肥，那家庭更興旺。孩子能長得肥壯，所以大吉。病者雖肥，但外強中乾，已無藥可治。

夢見

# 瘦

## ⭐ 夢兆

夢瘦者，骨力強壯之象。少者夢此家貧無患。老者夢此健康。富貴者不祥。女子懷胎夢此大凶。

## 🔍 夢的解析

瘦是精悍強健的象徵，所以夢見瘦不是壞事。少年人家貧瘦一點也無什麼害處，反而是健美之兆。「有錢難買老來瘦」，所以老年人瘦一點是健康的表示。而富貴者瘦了，說明境況有所改變，已在走向衰敗。孕婦不能瘦，瘦了，不是有病，就是營養不良，兩者對嬰兒都不利，所以大凶。

# 發號施令

## 夢兆

（1）如果你發命令，別人服從，你的生活
　　將有大進展。

（2）如果別人拒絕服從，或不當回事，宜
　　避免與有權有勢的朋友發生摩擦。如
　　果發命令的不是你，其含意也一樣。

## 夢的解析

　　別人服從你的命令，把事情辦好，事情辦
好後，經濟收入增加，那麼你的生活就將會有
很大進展。如果別人不重視或拒絕服從你的命
令，這可能有人從中作梗，所以不要再和一些
人發生摩擦，以免矛盾進一步深化。

夢見

# 毀容

## ⭐ 夢兆

（1）夢見自己被毀容，你將有意想不到的
高興事。

（2）夢見別人毀容，當心被你信賴的人欺
騙。這段時間不宜和朋友合夥做生意。

## 🔍 夢的解析

（1）毀容是使自己不高興的事，但反過來
卻是高興的事。

（2）別人毀容，是因為他（她）們欺騙了
人。

# 偷竊

## 夢兆

（1）夢見偷竊的行為預示著你須多加小心，
特別留神以後幾個月內的錢財和投資
等事，不要過於衝動。

（2）若你在夢中偷竊並被捉住，後者是一
個反夢，象徵著你將遇到好運。

## 夢的解析

（1）被別人偷竊，則要小心自己的錢財。

（2）自己偷別人東西是遇到好運，這是用
反說法來解釋的。

夢見

## 控告

（1）夢見自己被人控告，則要提防被無恥
之徒利用。

（2）如果控告被澄清，並且你也能證明自
己無辜，你將克服困難。

（3）如果是你提出控告，你必須重新評價
你的私交，也許你在這方面會倒楣。

（4）如被一女性控告，暗示將有不期而至
的消息。

（5）若控告者為男性，你生意上將有意外
的成功。

### 夢的解析

（1）無恥之徒利用別人來控告你。

（2）自己無辜是好事，所以將克服困難。

（3）提出控告別人，本是好事，但反過來可說會倒楣。

（4）女性控告你，當然會有不期而至的消息。

（5）男性控告你是壞事，但反過來卻是好事，所以說將有意外的成功。

夢見

# 盜賊

## ⭐ 夢兆

（1）夢見盜賊預示物質上的增長。
（2）如夢見你捉住盜賊，將可能得到一筆
　　　意外之財。

## 🔍 夢的解析

（1）反說法解釋。
（2）捉住盜賊有獎勵。

夢見

強姦

⭐ 夢兆

夢中強姦情形提示你應加強已經鬆散的同伴的關係，務必謹慎行事，否則你給周圍能左右視聽的人留下的錯誤印象會嚴重損壞你的信譽。

🔍 夢的解析

強姦會破壞自己的信譽。

國家圖書館出版品預行編目資料

解夢一本通／蔣星五著.
　　－－第一版－－臺北市：知青頻道出版；
　　紅螞蟻圖書發行，2013.11
　　面　　公分－－（開運隨身寶；7）
　　ISBN 978-986-6030-82-6（平裝）

　　1.占夢 2.解夢

292.92　　　　　　　　　　　　　　　102019931

開運隨身寶 7

# 解夢一本通

作　　者／蔣星五
發 行 人／賴秀珍
總 編 輯／何南輝
責任編輯／韓顯赫
美術構成／Chris' office
校　　對／周英嬌、楊安妮、賴依蓮
出　　版／知青頻道出版有限公司
發　　行／紅螞蟻圖書有限公司
地　　址／台北市內湖區舊宗路二段121巷19號(紅螞蟻資訊大樓)
網　　站／www.e-redant.com
郵撥帳號／1604621-1　紅螞蟻圖書有限公司
電　　話／(02)2795-3656（代表號）
傳　　真／(02)2795-4100
登 記 證／局版北市業字第796號
法律顧問／許晏賓律師
印 刷 廠／卡樂彩色製版印刷有限公司
出版日期／2013年11月　第一版第一刷


定價 250 元　　港幣 83 元

ISBN 978-986-6030-82-6　　　　Printed in Taiwan